CINZIA ETHAN RICCI

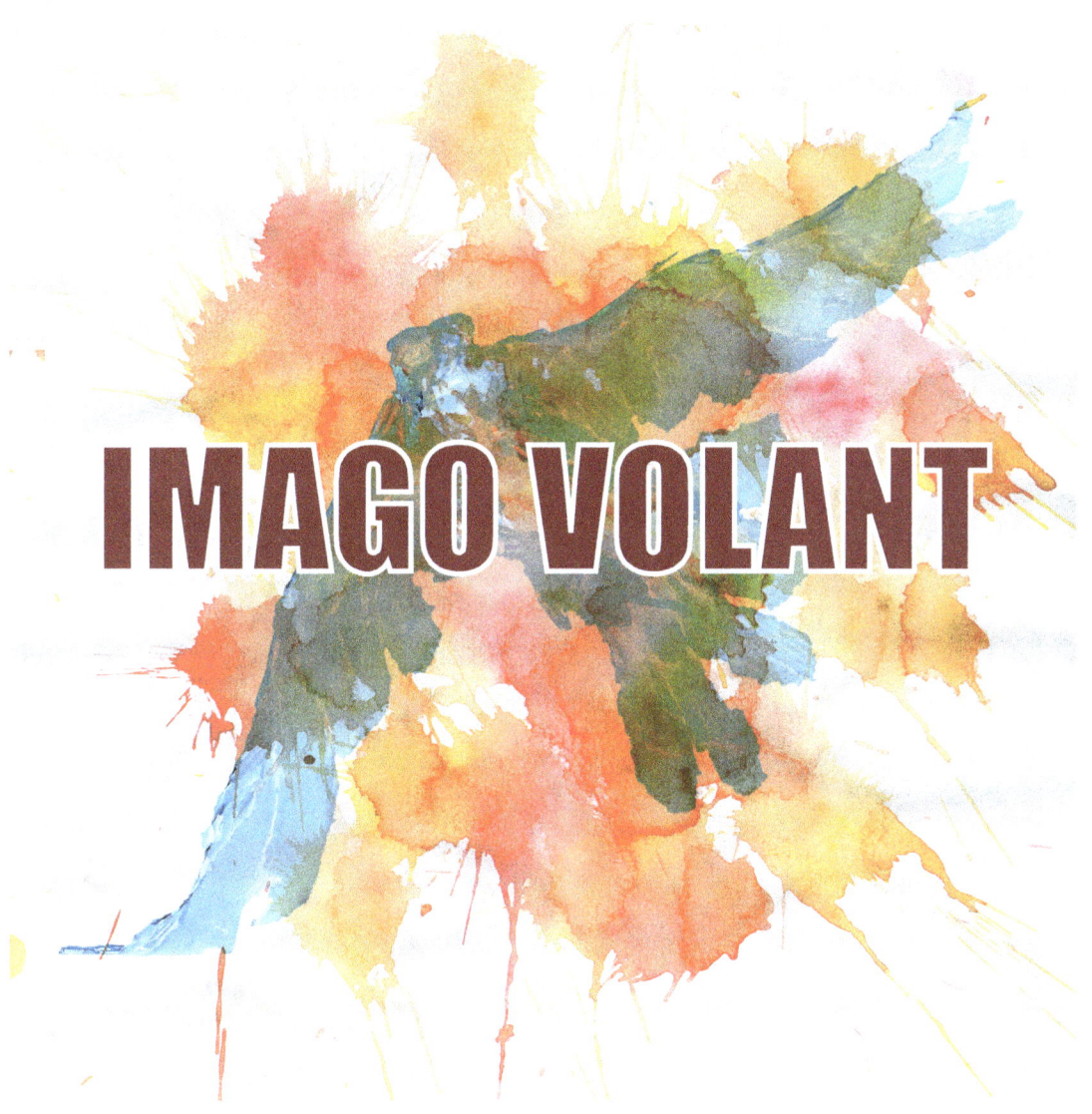

IMAGO VOLANT

GRAFICA A COLORI E TUTTO IL RESTO

INDICE

Questo volume raccoglie una selezione della grafica a colori, delle opere pittoriche e di altre creazioni dell'autore a partire dagli anni Ottanta.

Tutte le opere raccolte sono a firma Cinzia Ricci fino al 2015, successivamente sono firma Ethan Ricci.

* * *

Immagine di copertina: elaborazione digitale di una fotografia di Ethan Ricci

SULL'ARTE DEL VEDERE

Si può nascere con due occhi che vedono o con due mani che sanno far vedere.

Il primo è un caso generale.
Il secondo – un caso comune.
L'uno non esclude l'altro.

Due mani e due occhi così potranno essere protetti, educati, nutriti. Cresceranno, si allargheranno, si affineranno e ingialliranno con l'uso. Per un po' saranno luminosi, elastici, abili, raffinati, sensibili, perfetti. Uno specchio: questo sarà, ai limiti della purezza, il risultato di tale educazione, l'accrescimento di tale nutrizione, il limite di tale affinamento.

Ci sono sempre stati e sempre ci saranno artisti che artisti diventano (si creano).

La superficie di uno specchio.

La superficie di uno specchio.

* * *

Cinzia è nata il 10 Marzo 1964 con due occhi che fanno vedere perché ha due mani che vedono.

Casi del genere, per quanto diffusi, sono sempre unici.

(Occhi così implicano mani così).

Trovarsi nel raggio d'azione di tali occhi e tali mani vuol dire essere toccati e plasmati da quegli occhi, guardare quelle mani creare ciò che vediamo.

Due mani e due occhi così daranno più nutrimento di quello che richiedono, cresceranno oltre il loro corpo in una cosiddetta "opera d'arte".

* * *

L'opera nasce opera. L'artista può diventare artista. Ma l'artista che nasce con la sua opera (crea), se diventa qualcosa – diventa la sua opera.

Un'eterna nascita, un eterno immobile talento imperfetto.

Ma solo questi artisti (della visione, della parola, del suono, del corpo) hanno il segreto dono della composizione.

(Composizione: creare ciò che esiste ricordando ciò che esisterà).

Cinzia è pigra, quasi non ha stile. È molto giovane: sicuramente "troverà" uno stile, lo renderà perfetto – quindi subito lo "perderà".

(Stile: creare ciò che esiste in modo da dimenticare ciò che è esistito in vano).

(Cinzia una sera mi disse: "Le tue poesie sono i miei disegni". Ho scritto quasi 200 poesie. Ne trovo soddisfacenti una decina, fra cui sempre la prima e l'ultima).

* * *

Uno specchio.

Tutto uno specchio.

Cinzia disegna, dipinge.

Disegna, dipinge da dietro lo specchio, là dove tiene invisibili i suoi occhi (rivolti dietro di noi) perché le sue mani si muovono secondo ciò che sta dinanzi a noi.

Chissà come fa.

(Conosco tre persone, forse quattro, in bocca alle quali il sostantivo assoluto "visione" non si deformi sinistramente per eccesso o difetto di coscienza: una, ovviamente, è Cinzia. Le ho sentito pronunciare questa parola due volte, e me ne ricordo soltanto adesso).

Se noi lo vediamo, è molto probabile che Cinzia abbia mostrato ciò che noi vediamo.

Dietro quelle linee. Sotto quei colori, Dentro quelle forme.

Per quanto ne so io, si tratta di un segno naturale della creazione artistica.

Massimo Lenzi (Lucca, 5 febbraio 1985 – ore 1:30, luna piena)

COLOURS

CARTE IN REGOLA
25 ANNI IN 17 MINUTI

https://youtu.be/xX7B1piz1so

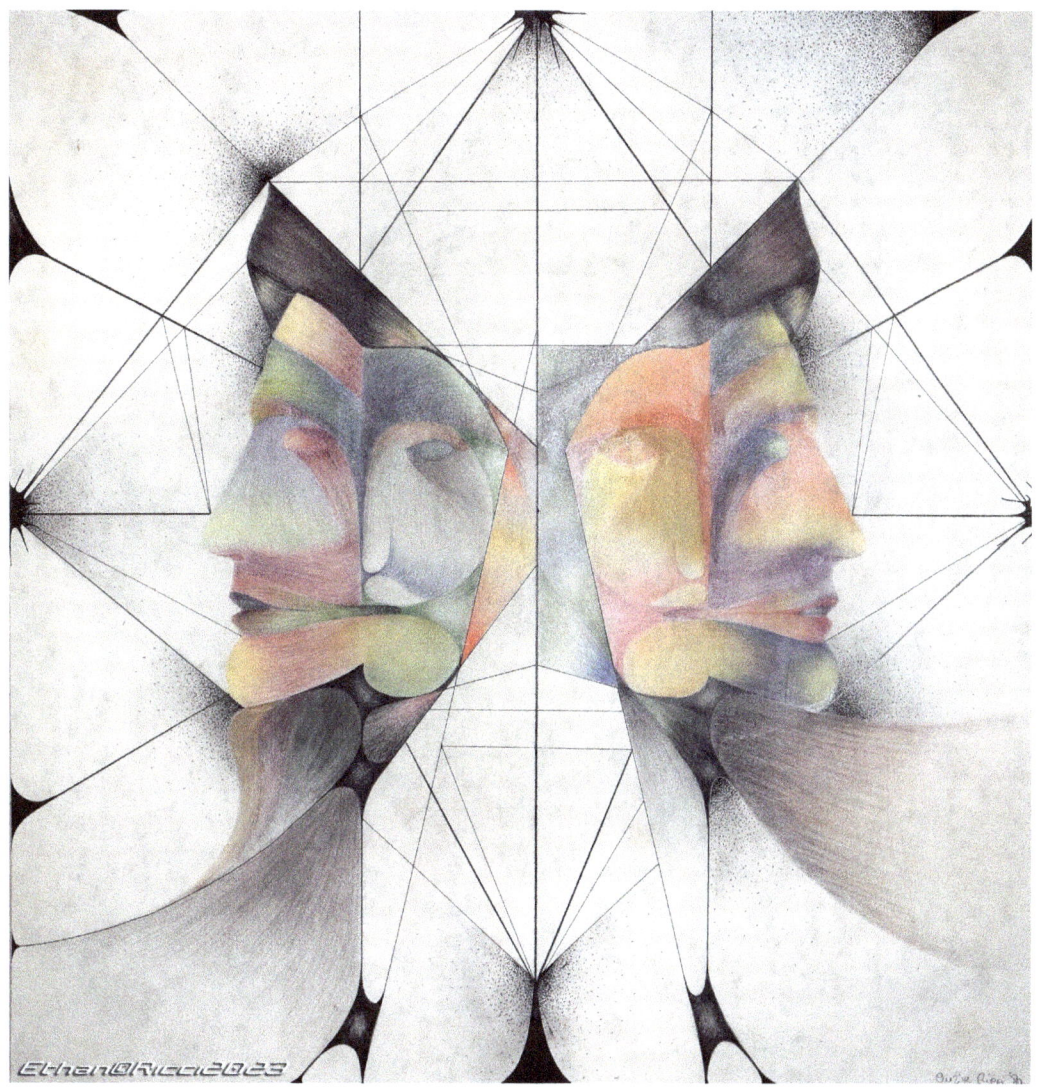

TRASFIGURAZIONE RIFLESSA

1980

Tecnica mista su carta
Cm. 49,0 x 49,0

Collezione privata dell'autore

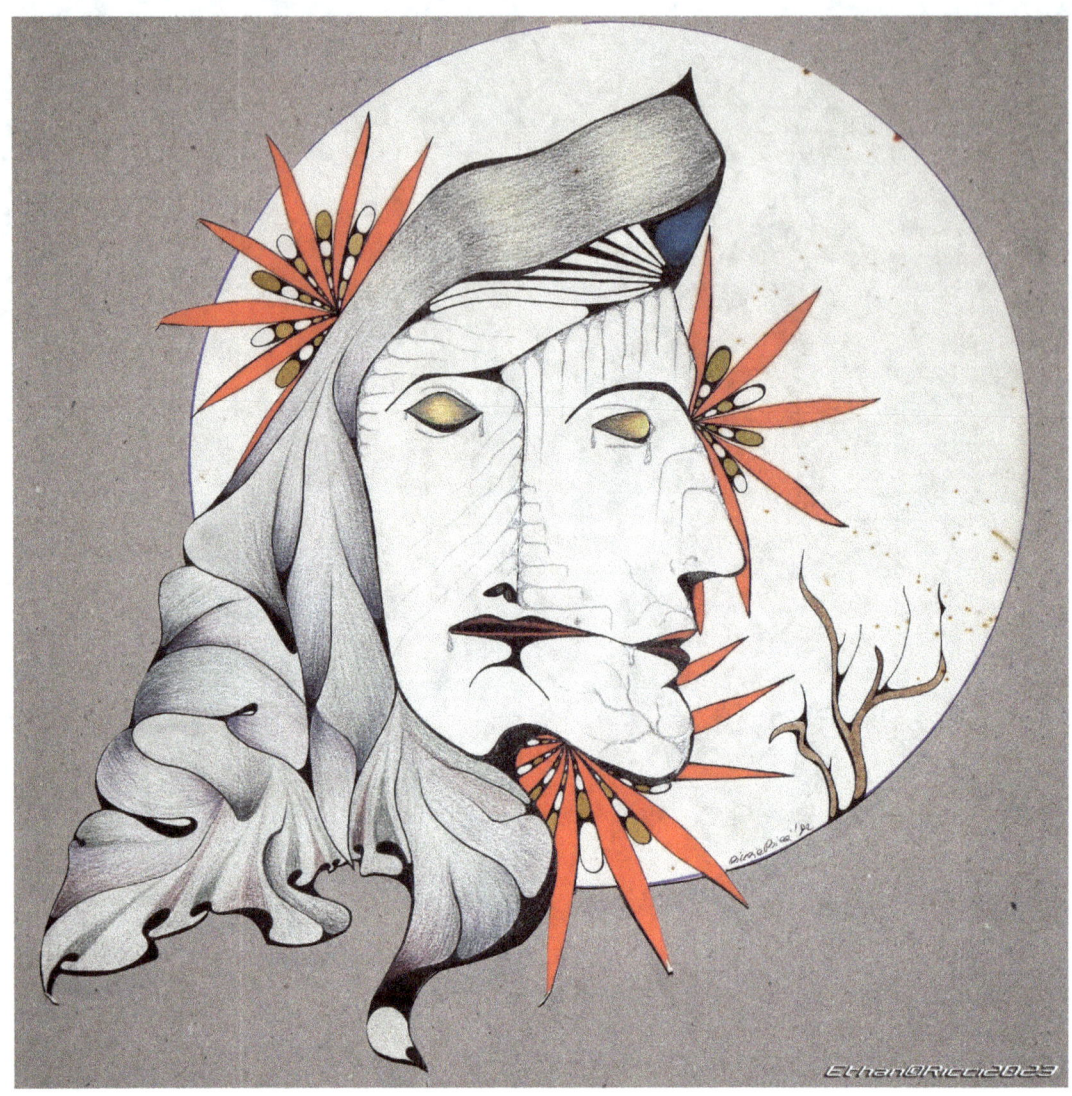

TRASFIGURAZIONE RIFLESSA n. 2

1980

Tecnica mista su carta (sagoma)
Cm. 35,0 x 35,0

Collezione privata dell'autore

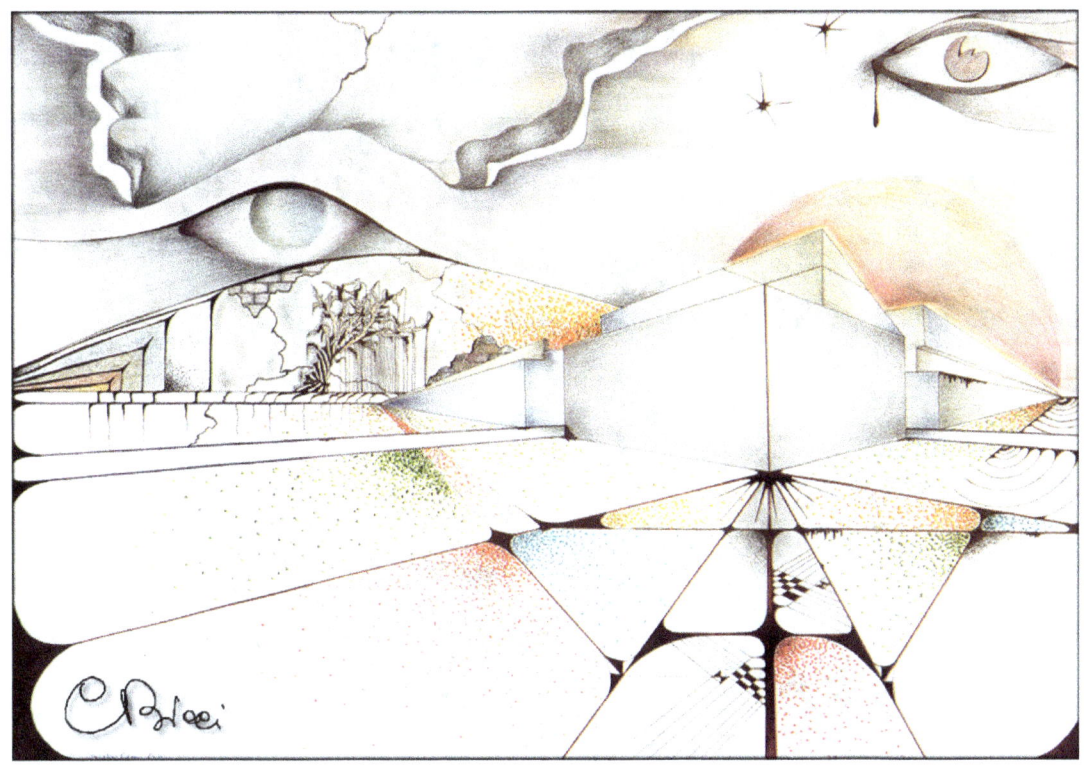

OMONIMO

1980

Mis Tecnica mista su carta
Cm. 45,0 x 63,0

Collezione privata dell'autore

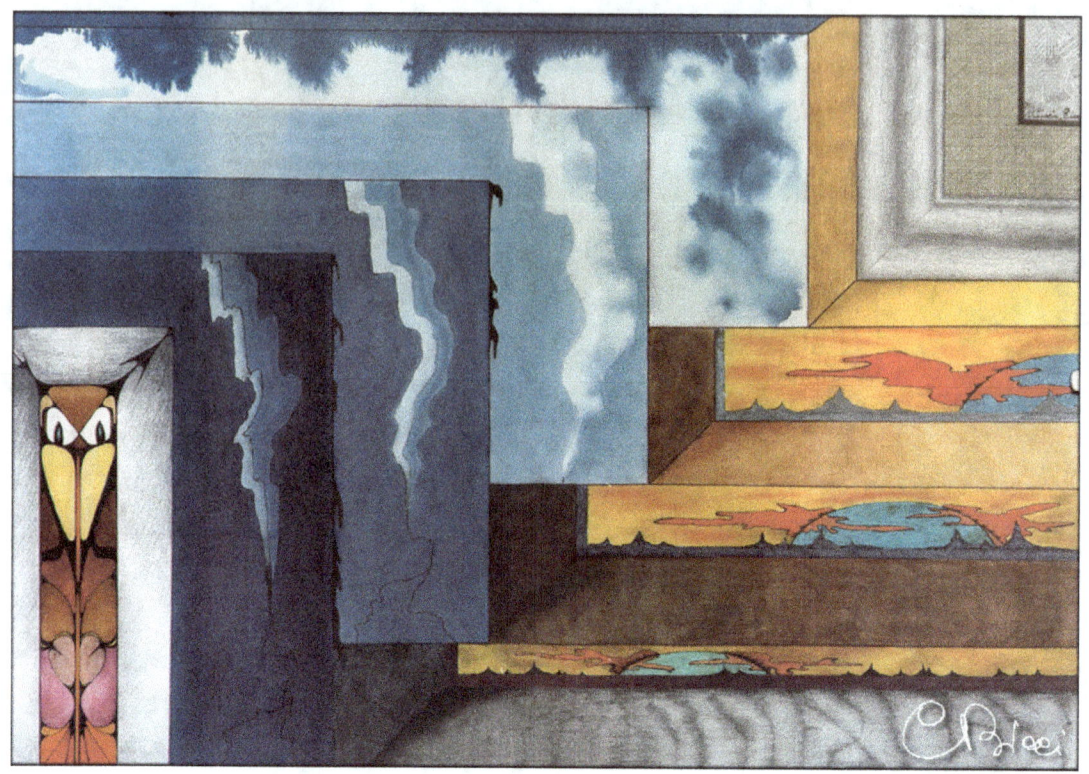

PROIEZIONI

1980

Tecnica mista su carta
Cm. 45,0 x 63,0

Collezione privata dell'autore ma forse perduta

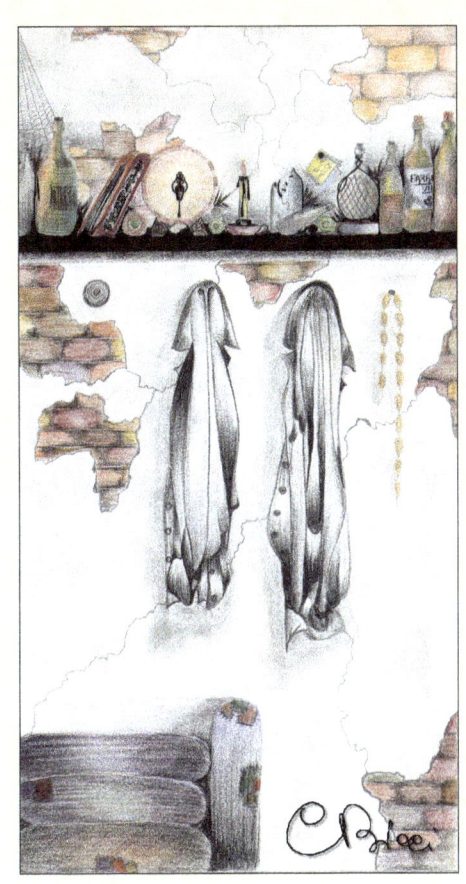

BOZZETTO

1981

Matite su carta

Uno dei bozzetti realizzati per la scenografia dello
spettacolo teatrale "La pietra del gallo", regia di
Bruno Ricciardi

Collezione privata dell'autore

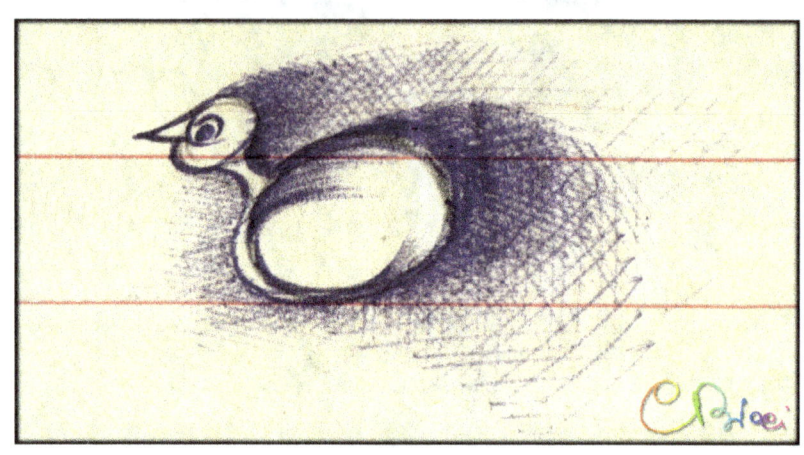

UCCELLETTO

Anni Ottanta

Penna a sfera blu su carta di quaderno a righe
Cm. 4,2 x 8,0

Collezione privata dell'autore

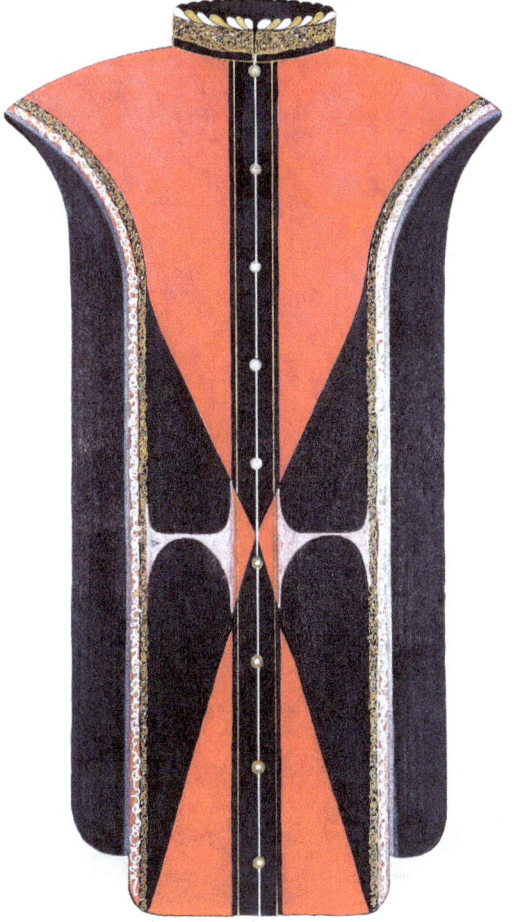

ABITO

Anni Ottanta

Bozzetto per un costume di scena

Tecnica mista su cartoncino
Cm. 49,0 x 35,0

Collezione privata dell'autore

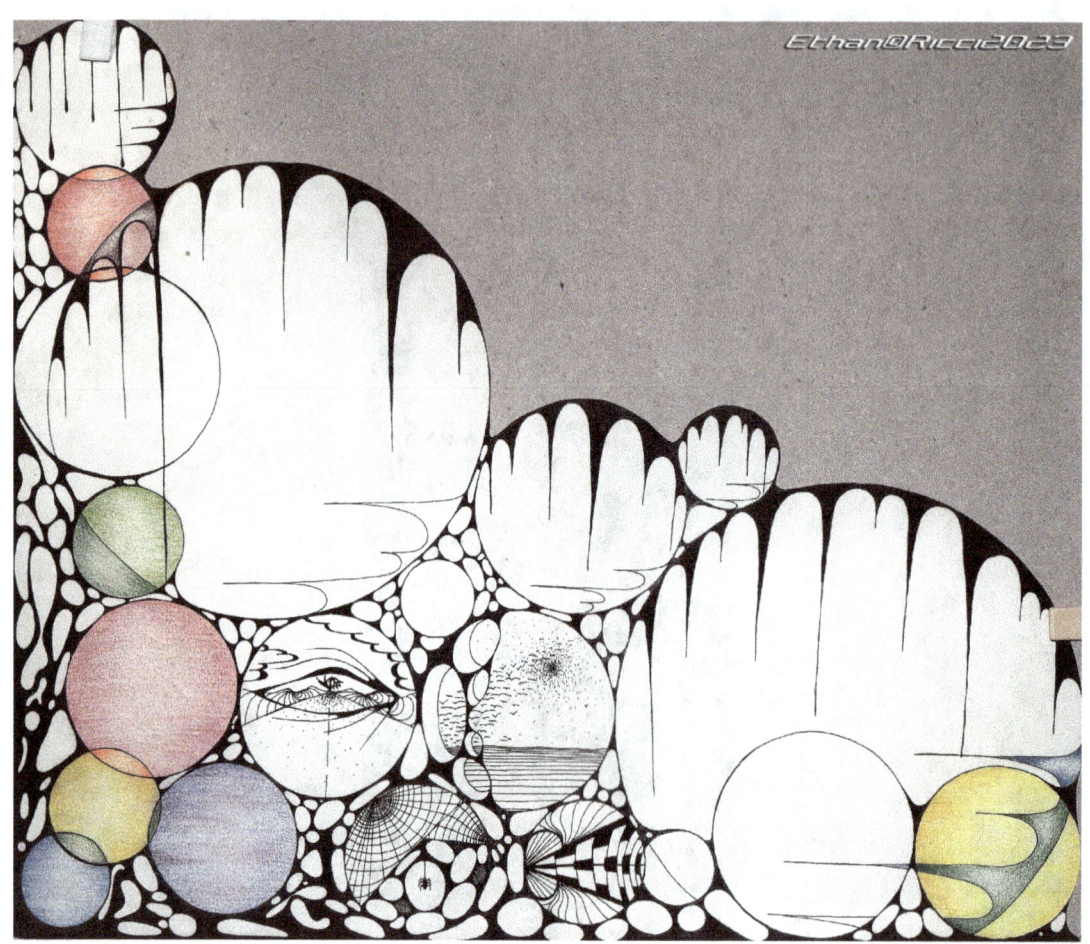

CERCHI

1982

Tecnica mista su carta ruvida (sagoma)
Cm. 33,0 x 37,5

Collezione privata dell'autore

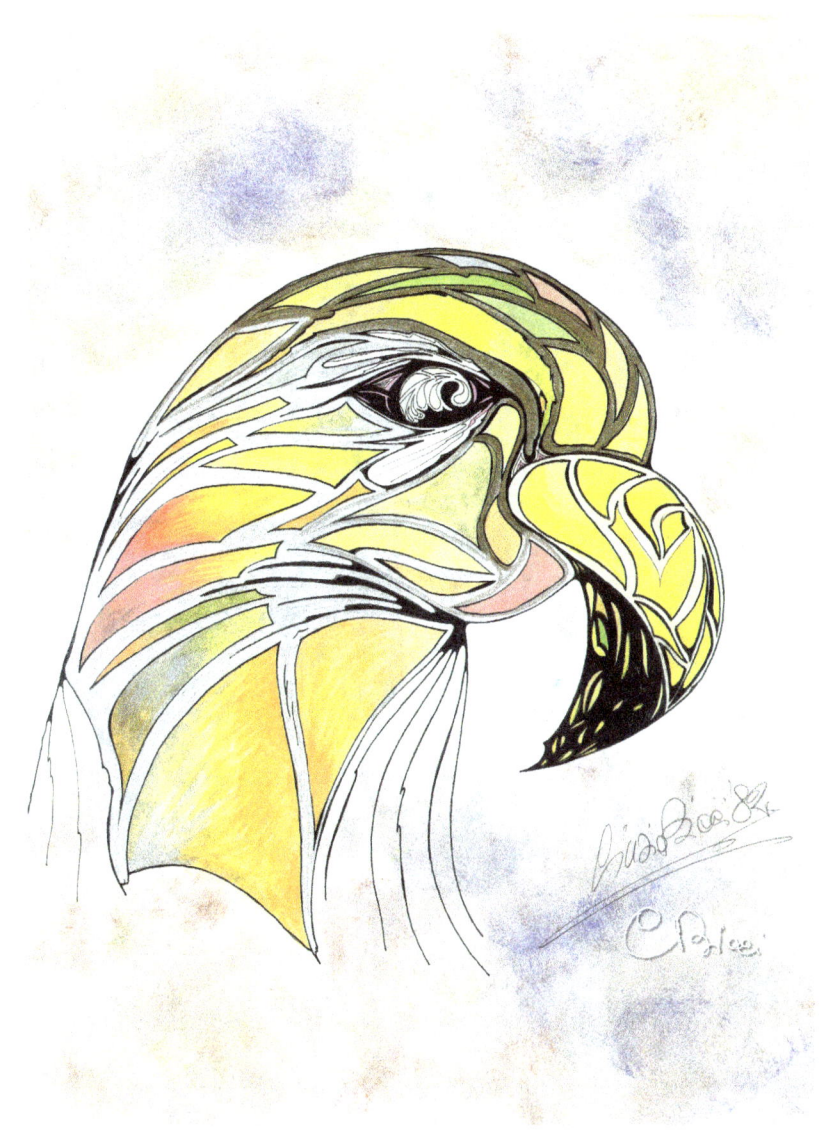

PAPPAGALLO

1982

Tecnica mista su carta
Cm. 39,5 x 30,0

Collezione privata dell'autore

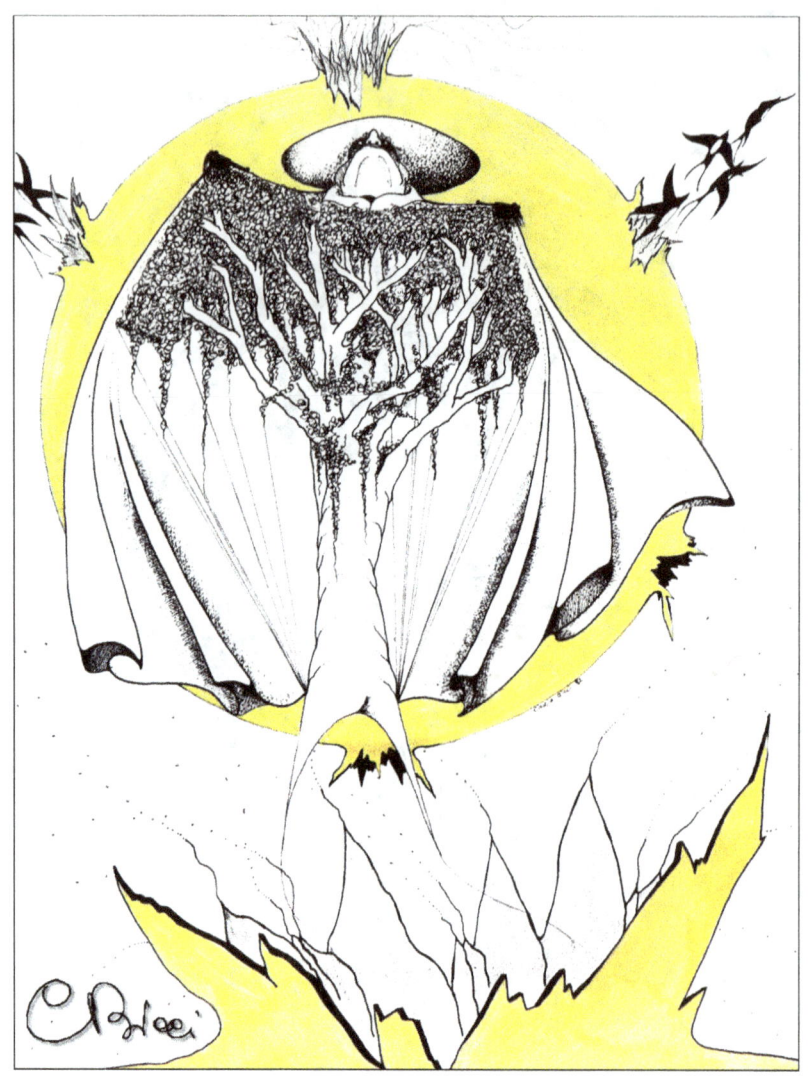

GENESI

1982

Tecnica mista (china e evidenziatore) su carta
Cm. 38,7 x 29,5 circa

Collezione privata dell'autore

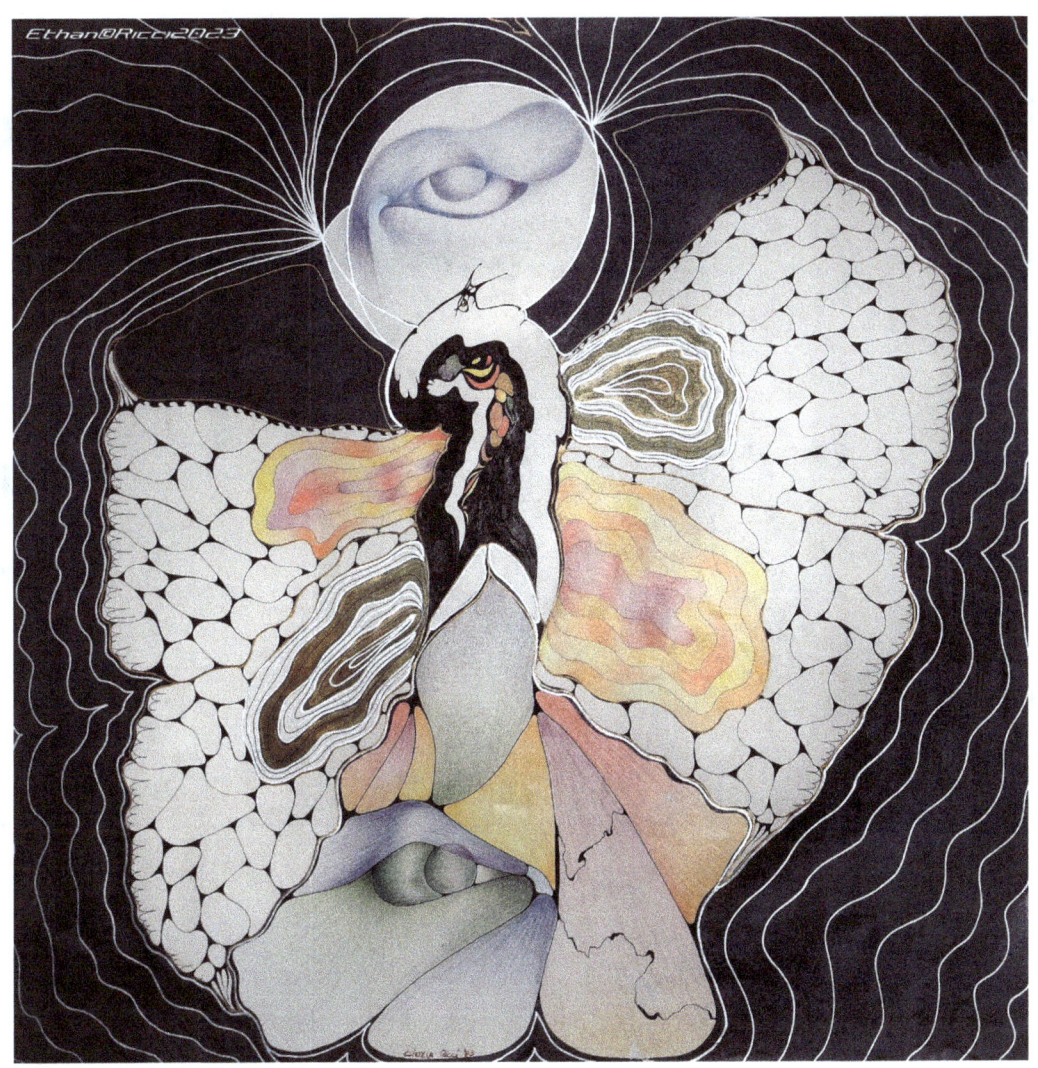

METAMORFOSI

1983

Tav. 2 del trittico "Metamorfosi di un pensiero"

Tecnica mista (china, matite, pennarelli, oro e argento) su carta
Cm. 48,0 x 50,0 circa

Collezione privata dell'autore

21

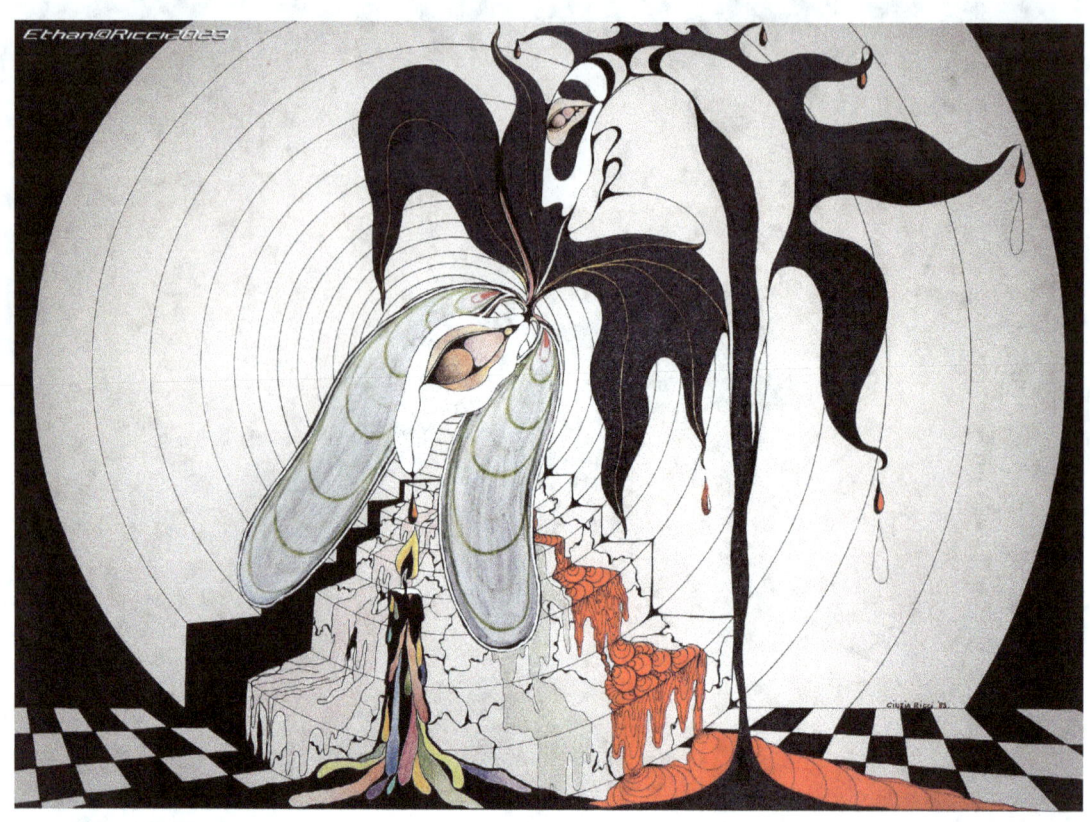

FIORE NERO

1983

Tav. 3 del trittico "metamorfosi di un pensiero"

Tecnica mista (china, matite, pennarelli, tempera e argento) su carta
Cm. 36,0 x 51,0 circa

Collezione privata dell'autore

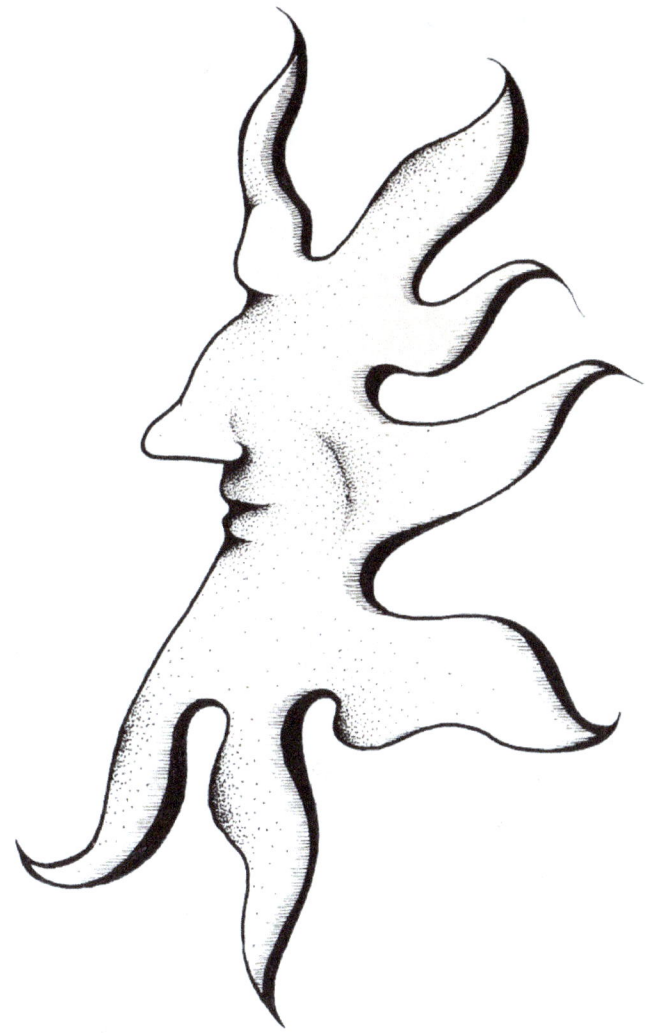

LEGGI ANTICHE

Anni Ottanta, forse 1984

Dettaglio da un disegno incompiuto

China e evidenziatori su cartoncino liscio
Cm. 21,0 x 48,2

Collezione privata dell'autore

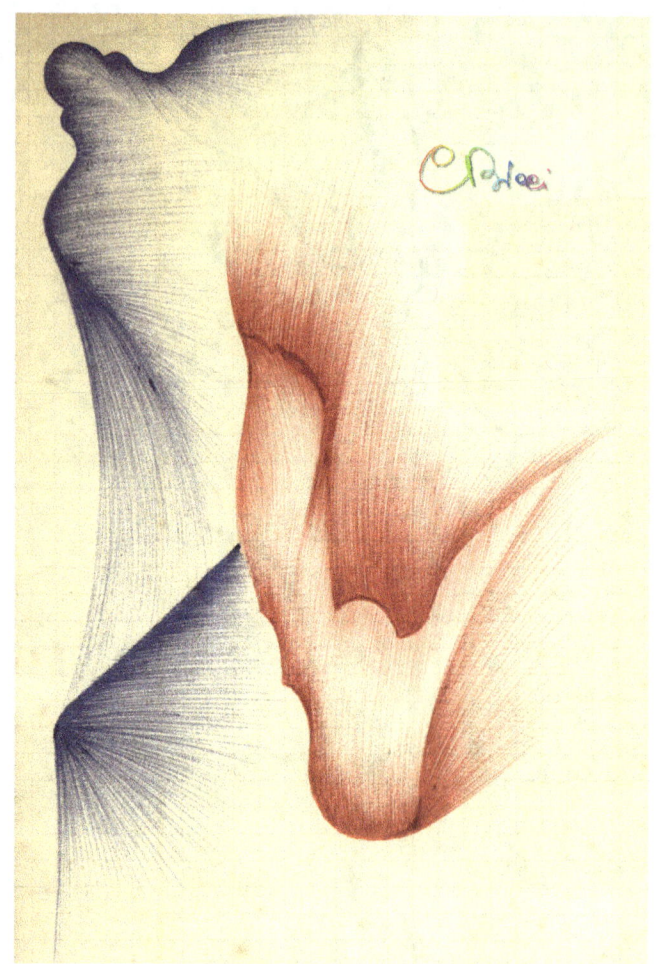

COLOMBA/VISO

1984

Schizzo preparatorio per la tavola "Tre banali avvertenze" realizzata per il libro di versi "Orfeo" di M. Lenzi - Utilizzato anche per la tela ad olio "Hai fatto un altro dipinto..."

Penna a sfera su carta di quaderno a quadretti
Cm. 24,0 x 18,8

Collezione privata dell'autore

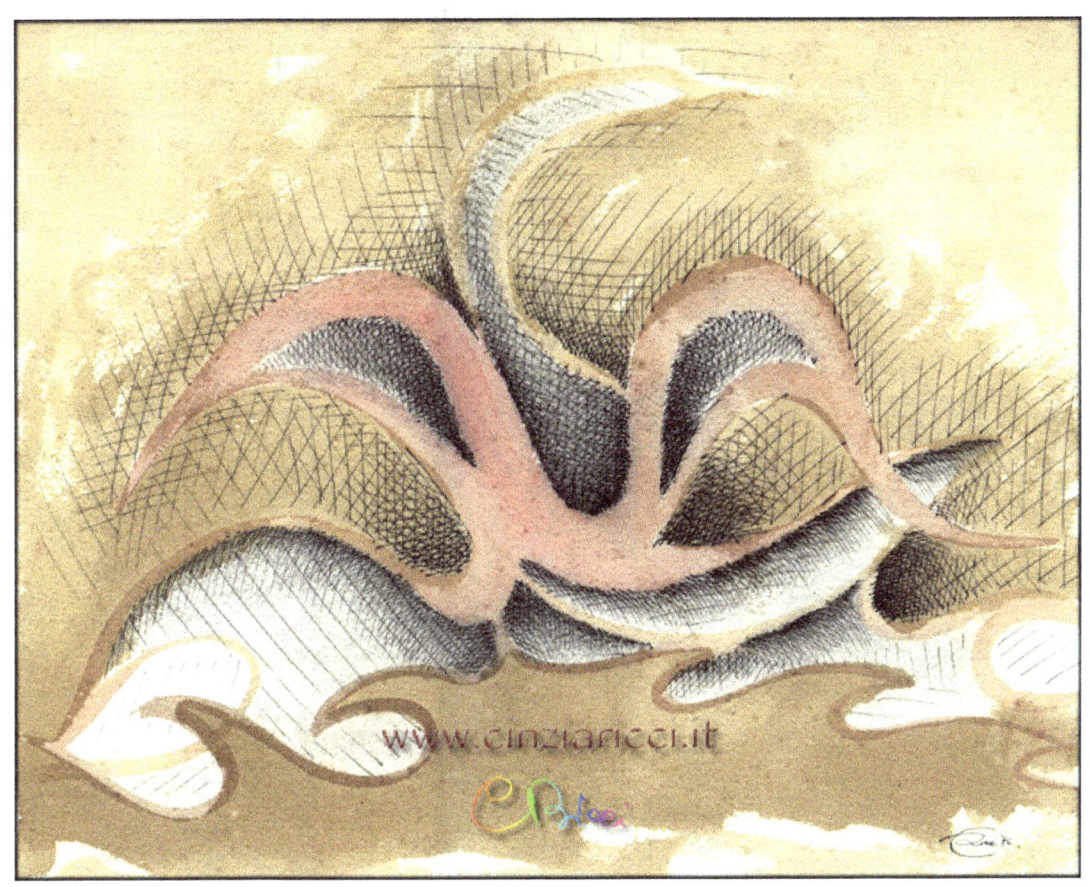

CIGNO

1986

Tempera, pennarello a punta fine e caffè su cartoncino per acquerello
CM. 28,7 x 35,0

Collezione privata dell'autore

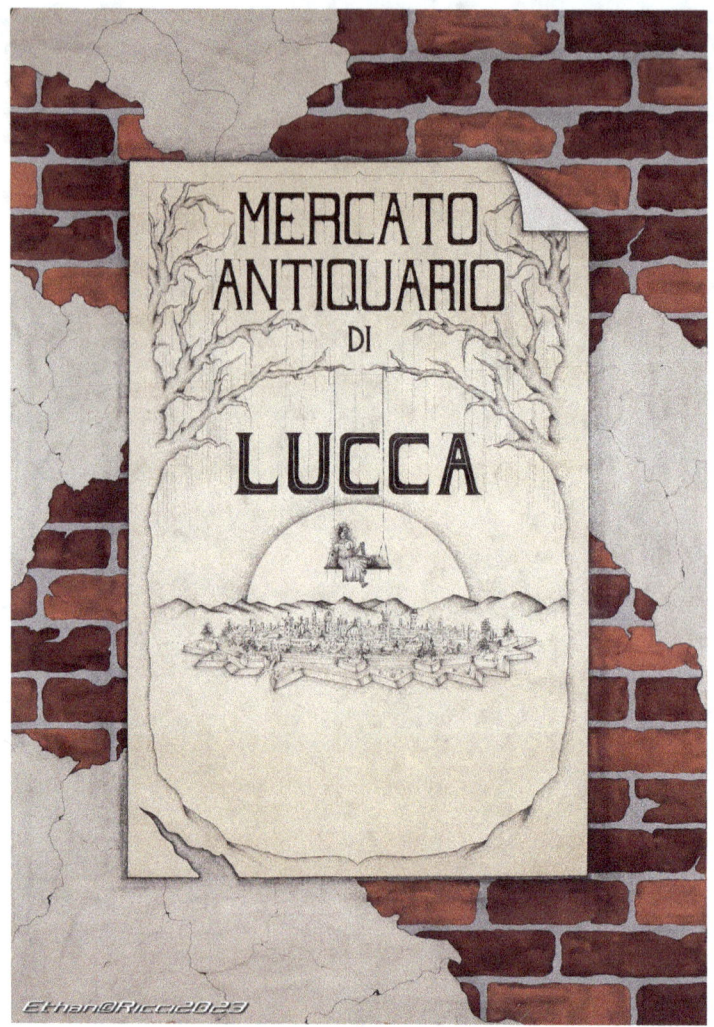

MERCATO ANTIQUARIO DI LUCCA

1986/1997

Bozzetto commissionato dal comitato promotore del mercato dell'antiquariato lucchese

China e tempera su cartoncino ruvido
Cm. 100,0 x 70,0

Collezione privata dell'autore

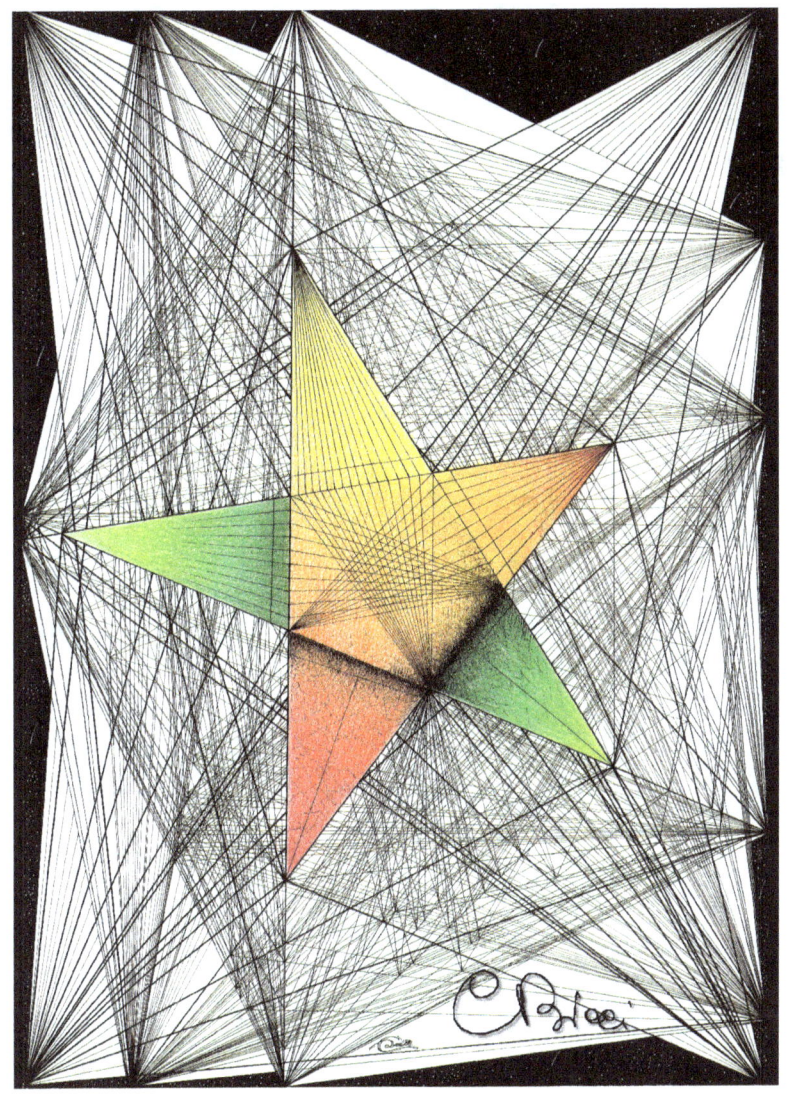

L'INFERNO? - SÌ, MA ANCHE UN GIARDINO

1988

China e matite colorate su cartoncino ruvido

Cm. 29,6 x 21,0

Collezione privata dell'autore

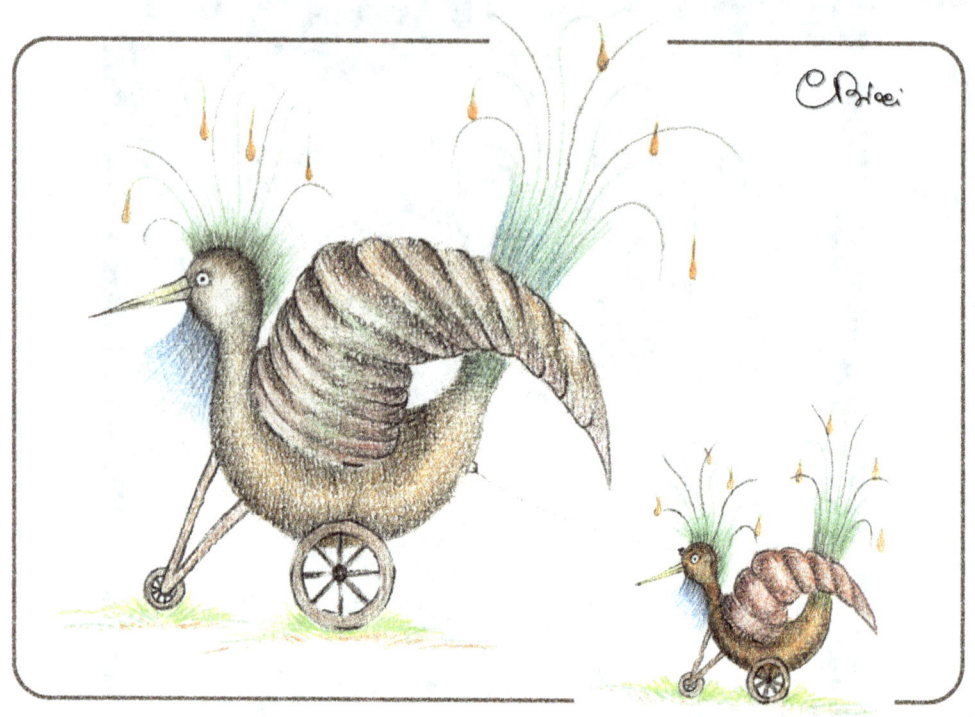

GIOCATTOLI

1989

Matite su cartoncino ruvido
Cm. 22,0 x 29,7

Collezione privata dell'autore

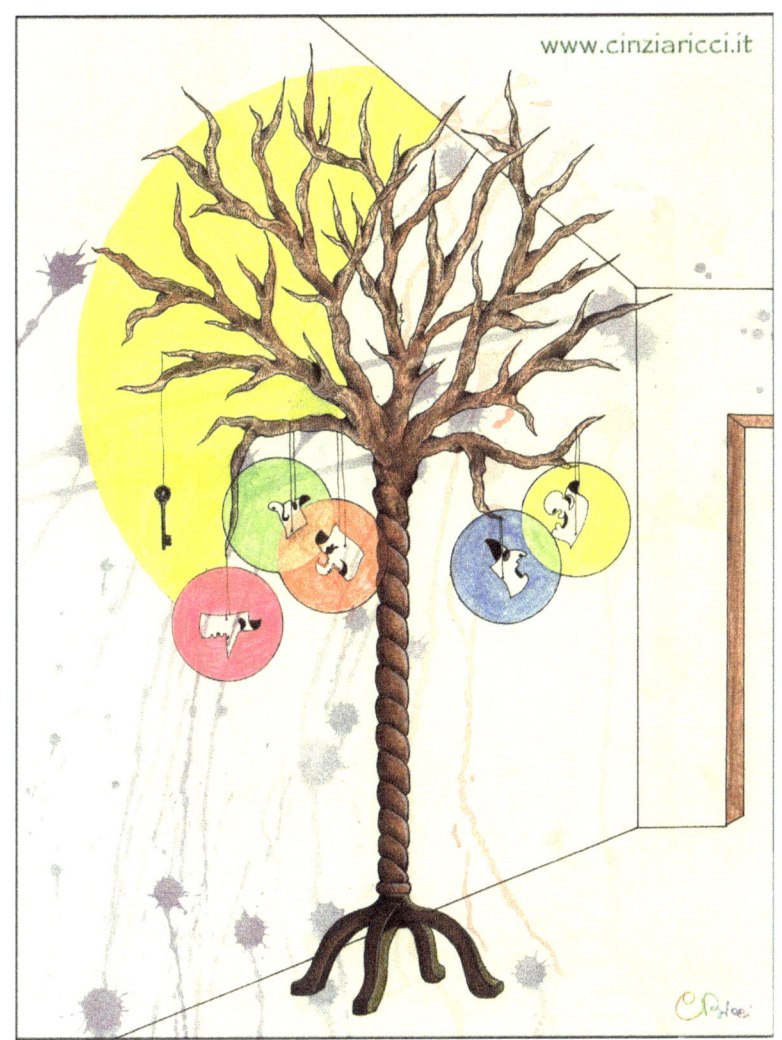

MASCHERE

1989

Schizzo preparatorio incompiuto per un lavoro mai realizzato

Chine colorate ed evidenziatori su cartoncino ruvido
Cm. 36,0 x 25,3

Collezione privata dell'autore

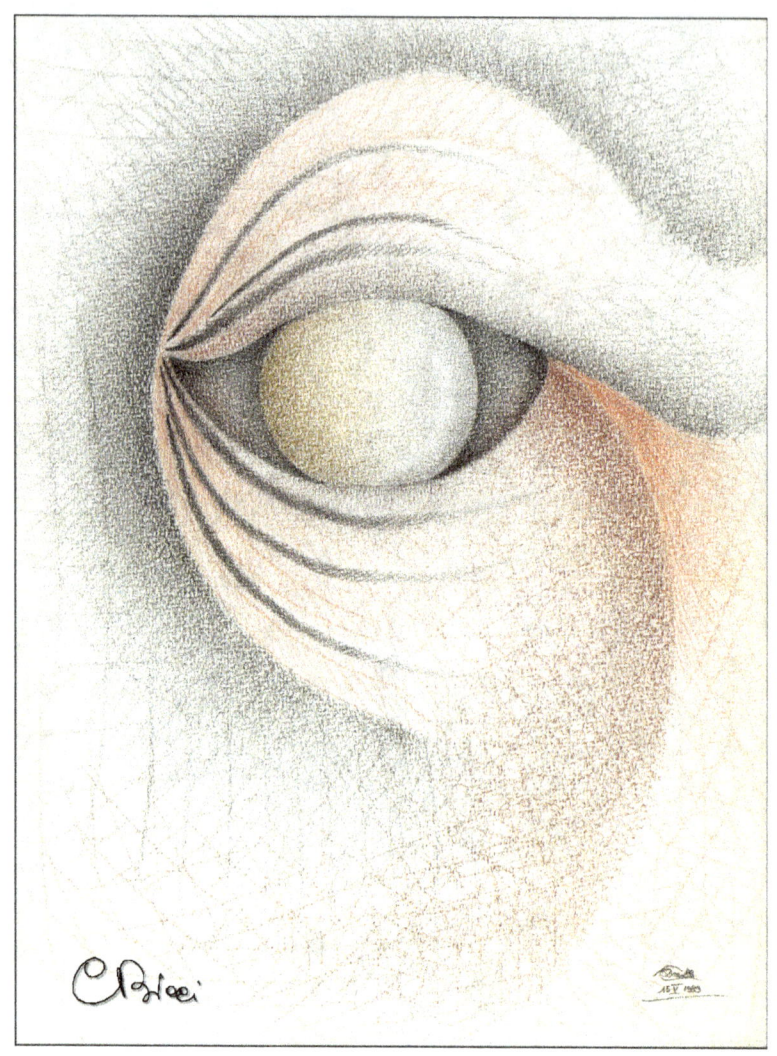

OCCHIO

1989

Sanguigne su cartoncino ruvido
Cm. 40,0 x 29,7 circa

Collezione privata dell'autore

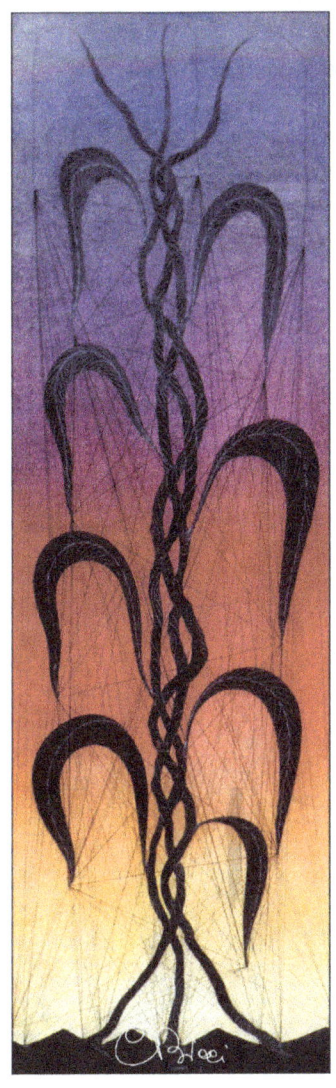

DIVERTISSEMENT # 2

1989

China e matite acquarellabili su cartoncino liscio per aerografo

Cm. 65,0 x 20,0

Collezione privata di Roberta Matteucci – Monteggiori,
Camaiore (LU), 1989

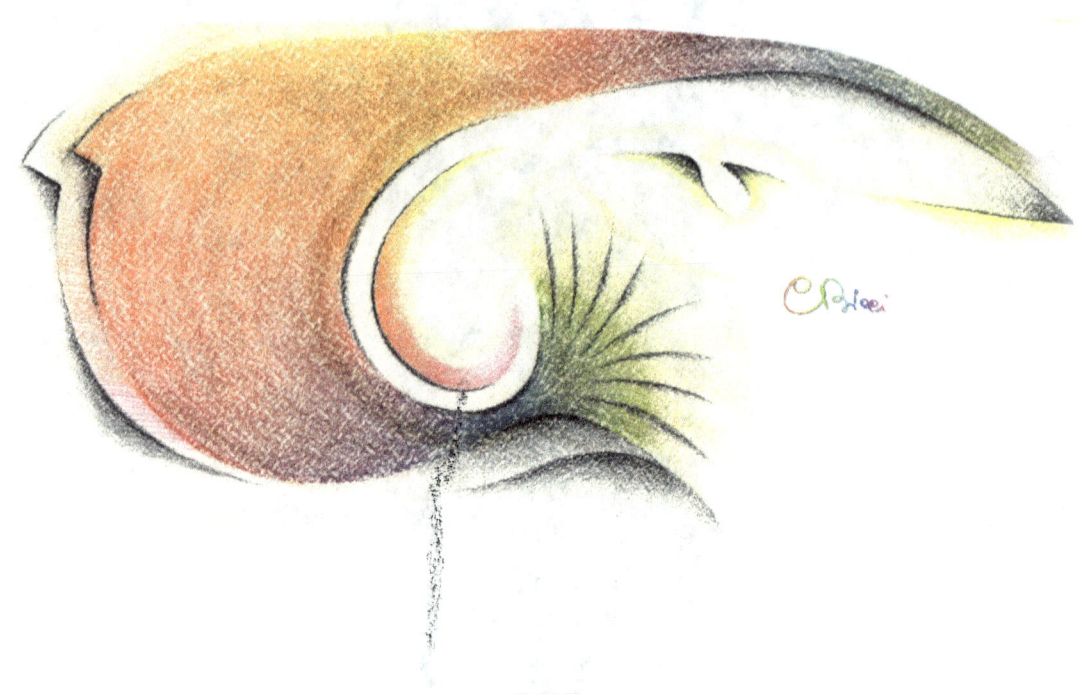

DUE

1989

Matite su cartoncino ruvido
Cm. 13,0 x 34,0

Collezione privata dell'autore

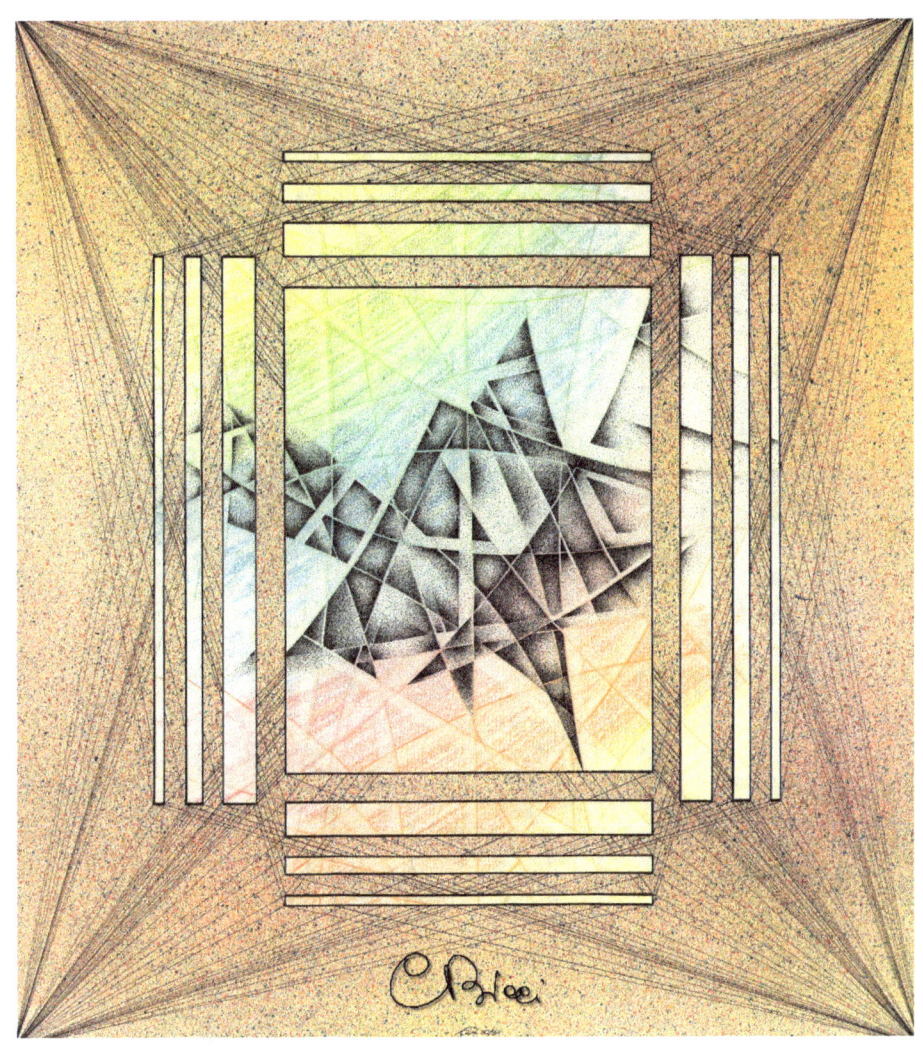

SCOMPOSIZIONE GEOMETRICO/CROMATICA

1990-1991

Collage, chine e matite acquarellabili su cartoncino Canson gr. 224 da aerografo

Cm. 33,0 x 29,7

Collezione privata dell'autore

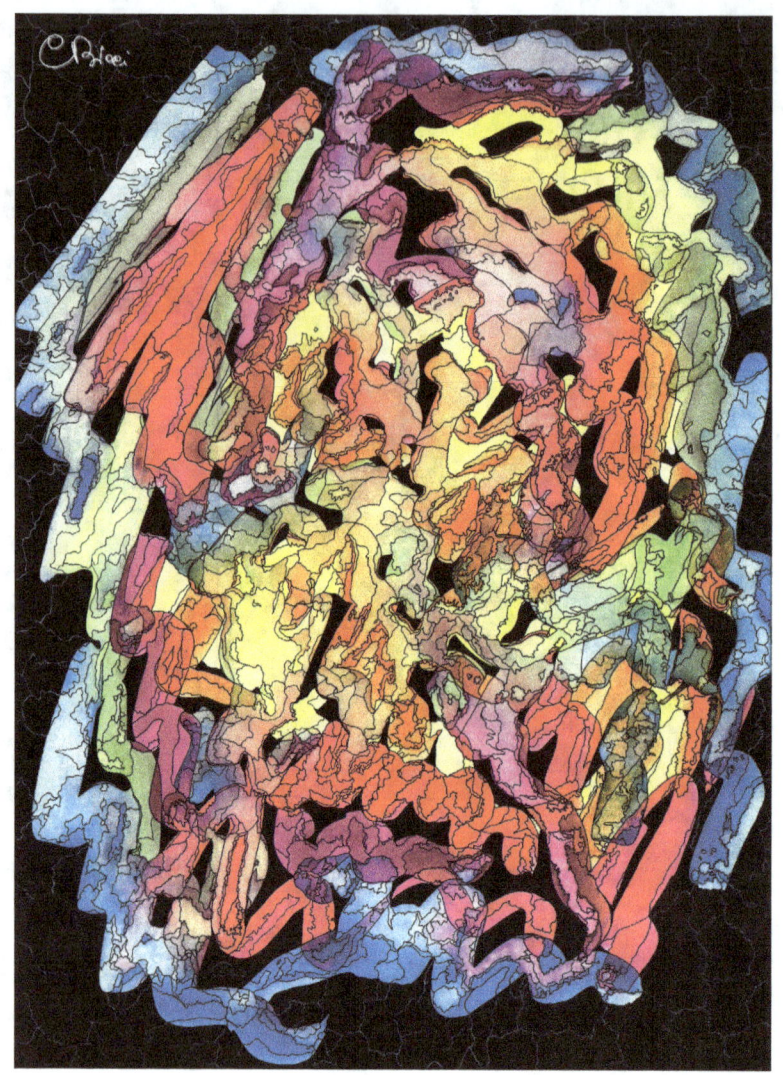

GIUOCO DI MANO

1991

Chine colorate su cartoncino Canson gr. 224
Cm. 29,5 x 21,0

Collezione privata dell'autore

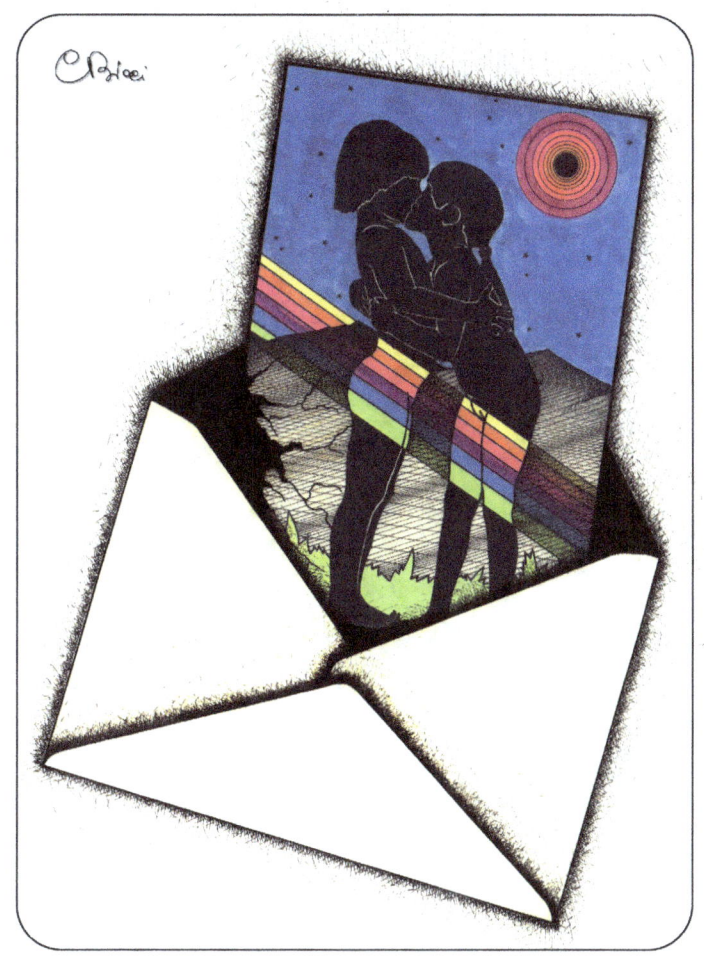

TI MANDO UN BACIO

1991

Collage, china ed evidenziatori su cartoncino Canson gr. 224 e
carta lucida
Cm. 29,5 x 21,0

Collezione privata dell'autore

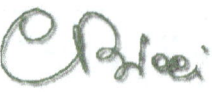

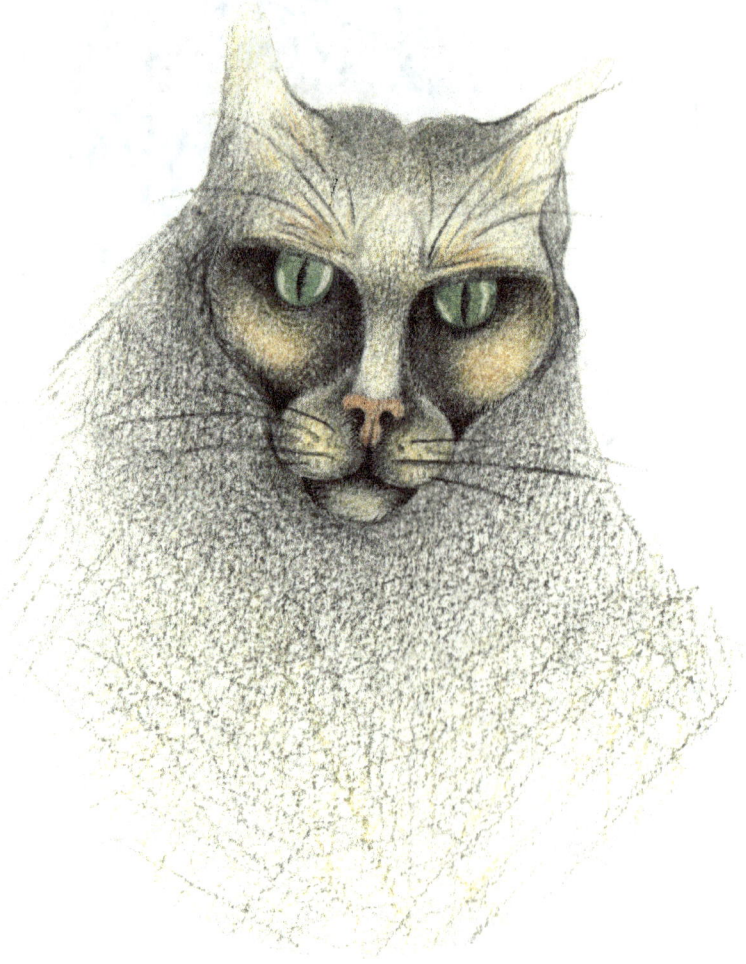

GATTO

1993

China e matite colorate su cartoncino ruvido
Cm. 26,2 x 19,5

Collezione privata dell'autore

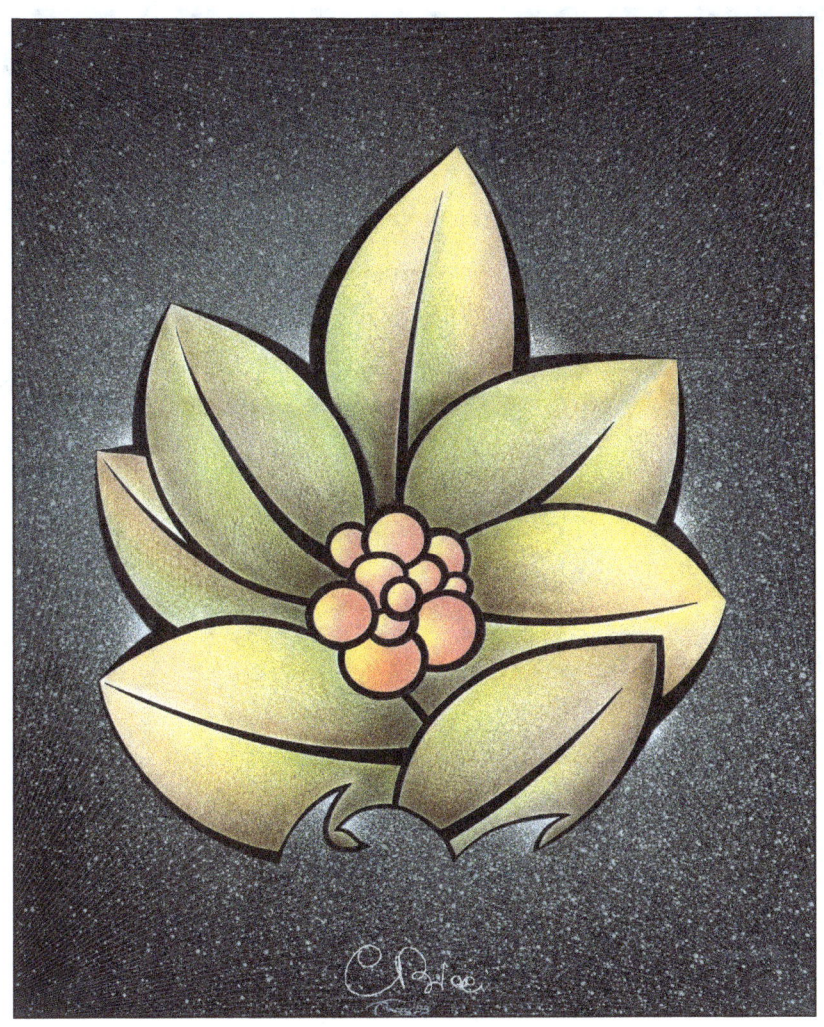

FRUTTO PROIBITO

1995

Collage, chine e matite acquarellabili su cartoncino nero e carta
Canson gr. 224
Cm. 35,0 x 32,0

Collezione privata dell'autore

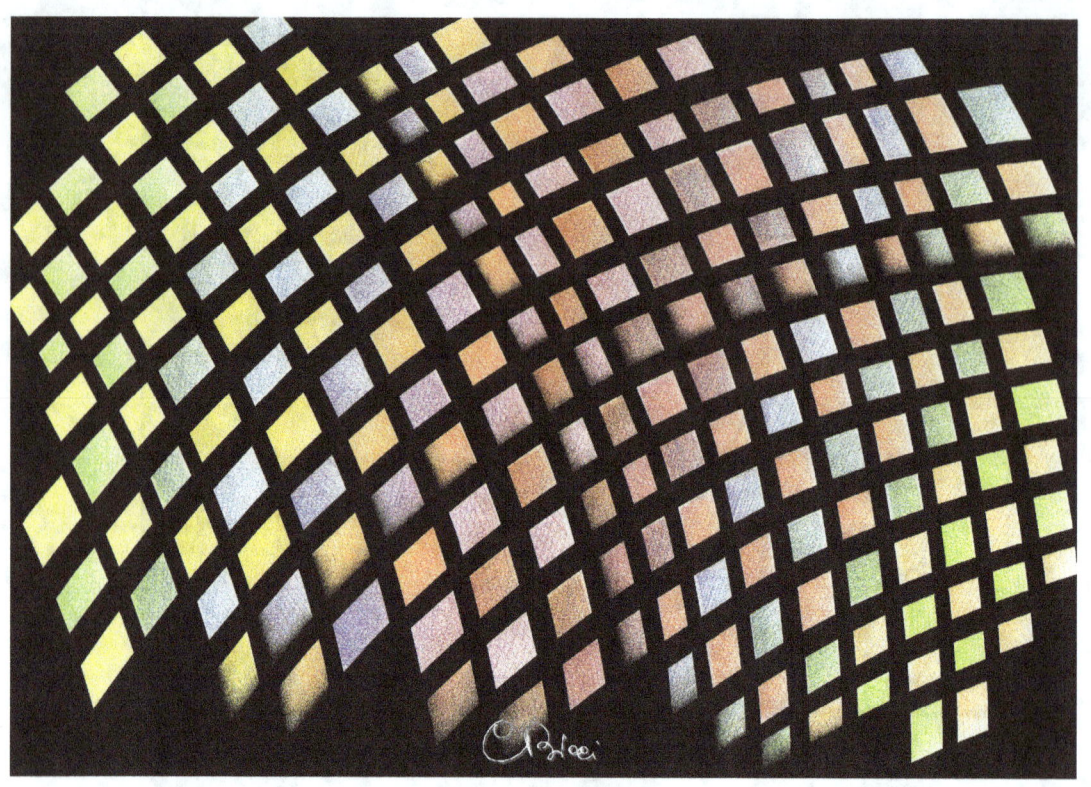

FISH-EYE

1998

China e matite su cartoncino ruvido
Cm. 47,5 x 33,0

Collezione privata dell'autore

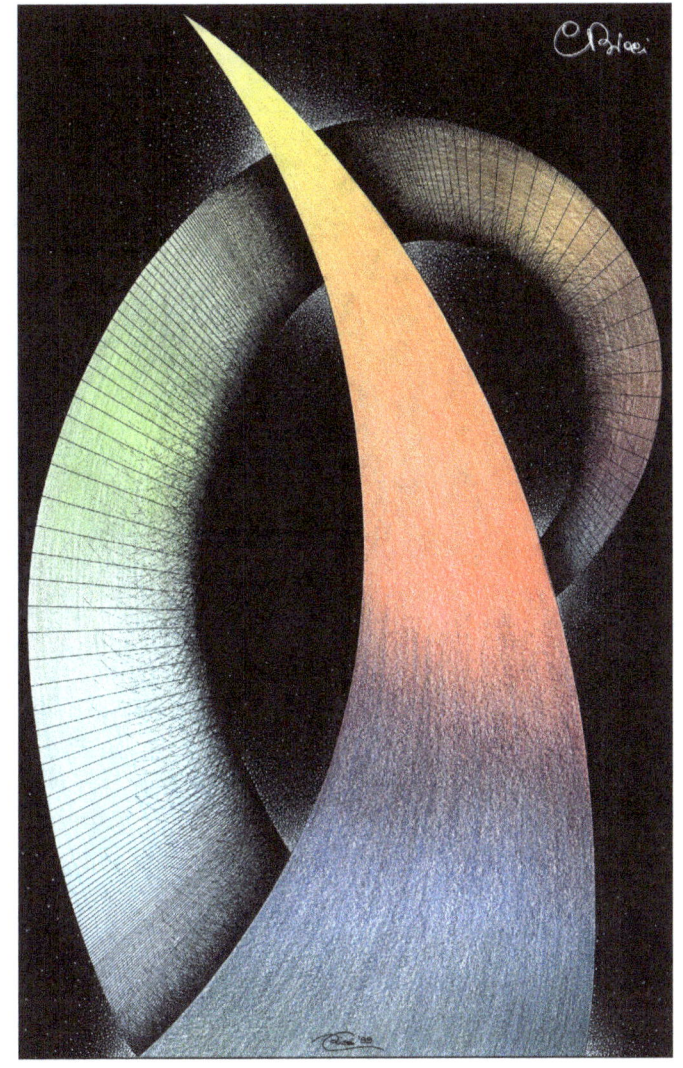

TRACCE DI VITA

1999

China e matite su cartoncino Canson gr. 224
Cm. 27,5 x 17,4

Collezione privata dell'autore

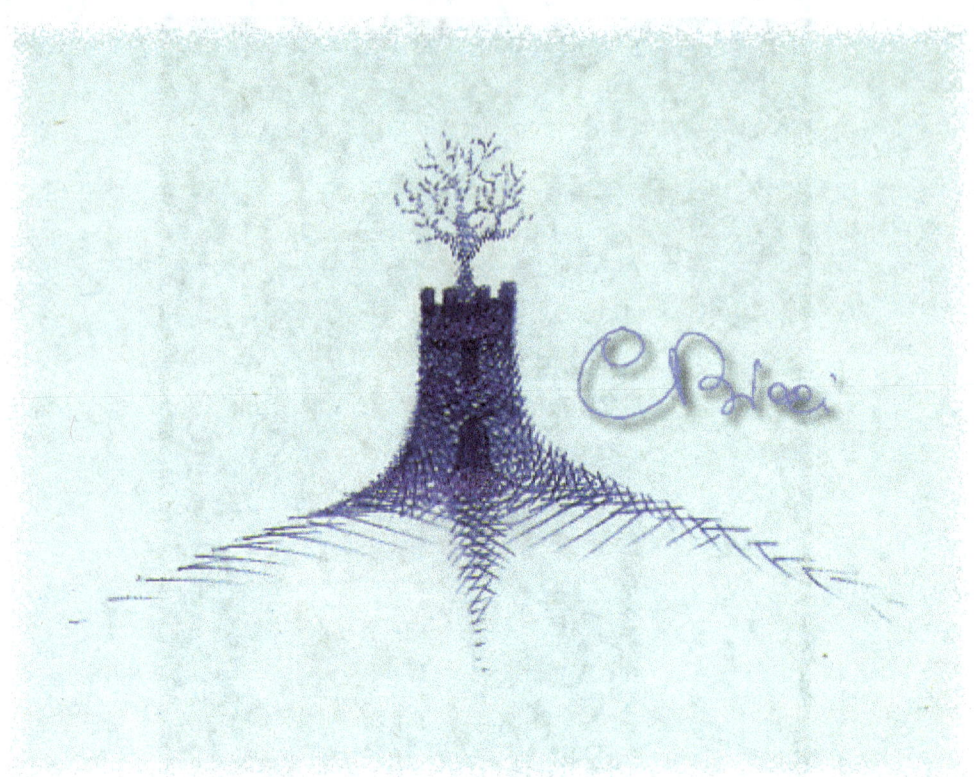

TORRE GUINIGI

2005

Penna a sfera blu su carta azzurra
Cm. 11,0 x 11,0 circa

Collezione privata di Sara Camussa - Alessandria

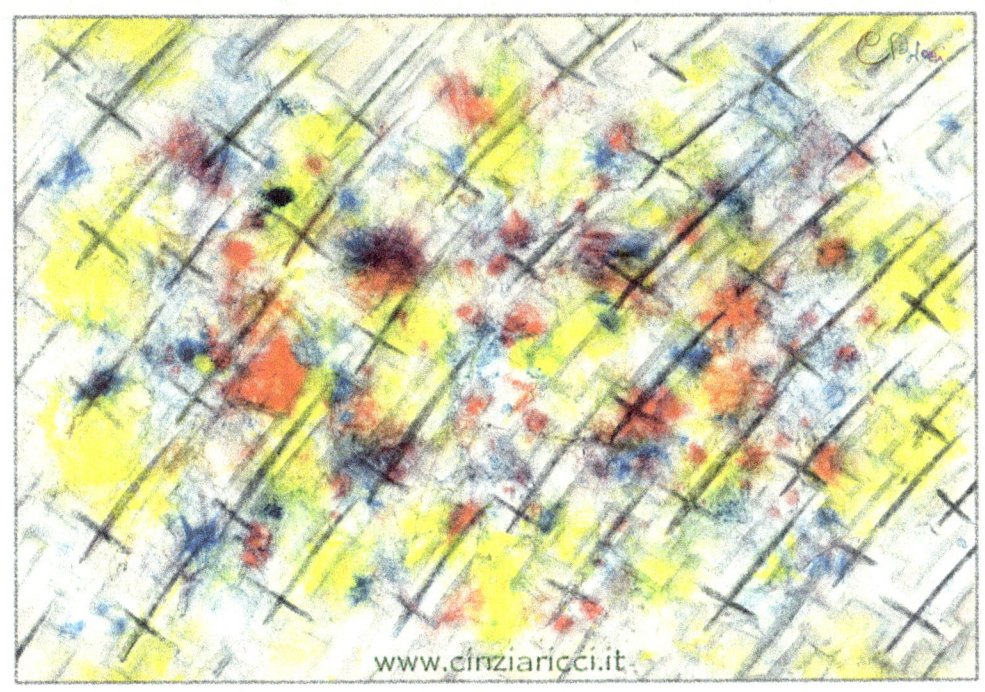

DEIEZIONI # 1 - EUROPA 1939-1945

2007

Collage, acquerello su cartoncino
Cm. 26,3 X 34,5

Collezione privata dell'autore

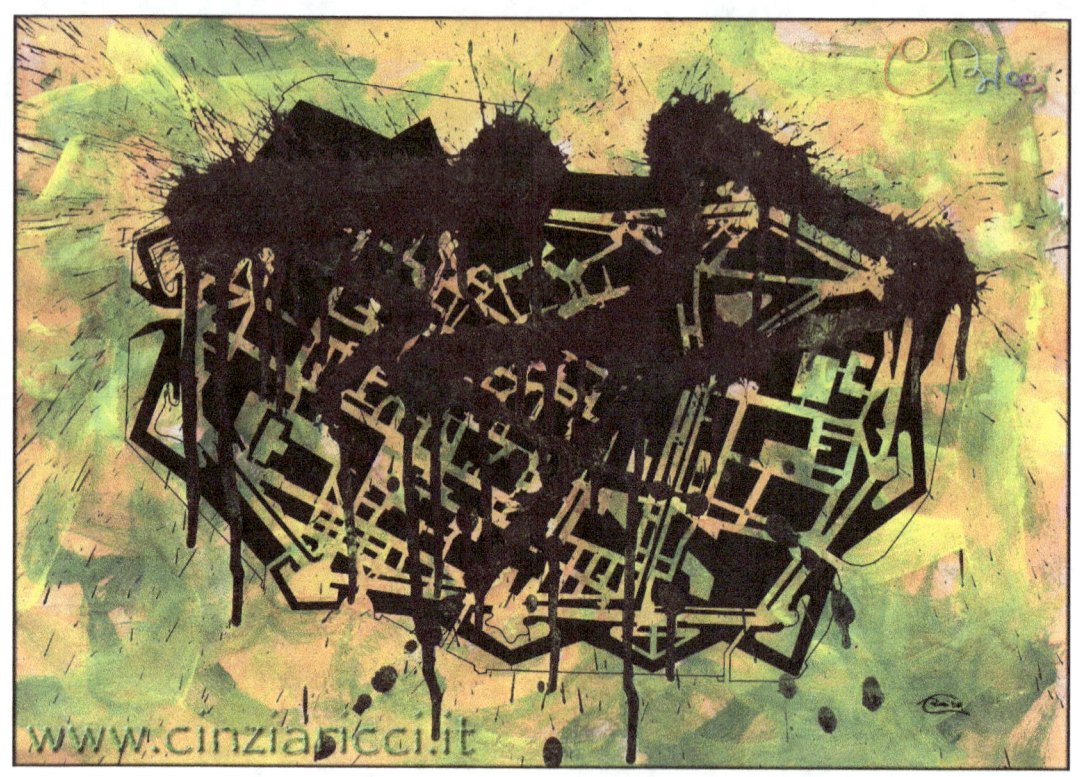

DEIEZIONI # 2 - MERCIMONIO E SPREGIO

2007

Acrilico e china su cartoncino
Cm. 34,5 X 49,5

Collezione privata dell'autore

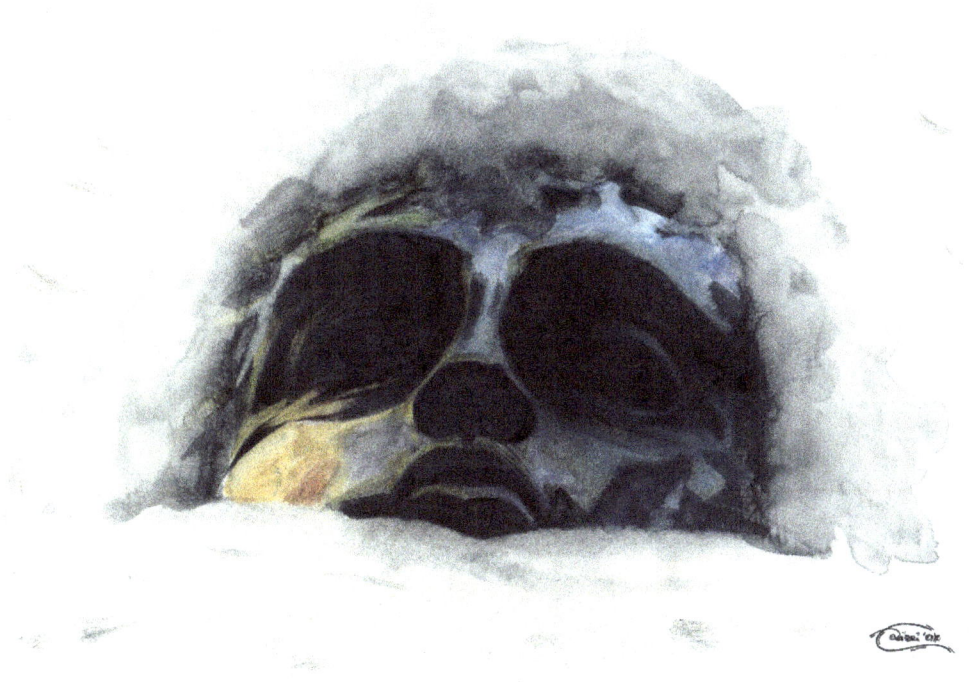

INSOLITO PERSEO

2007

Acquerello ispirato alla fotografia omonima del 1983
Cm. 21,0 x 29,7

Da una fotografia dell'autore

Collezione privata dell'autore

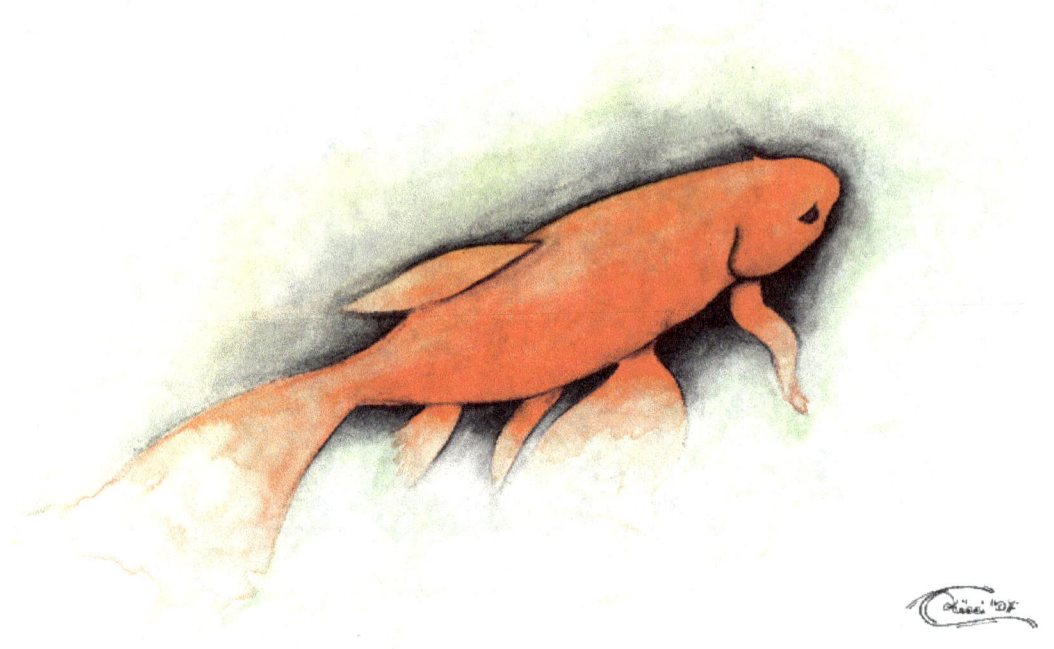

PESCE ROSSO

2007

Acquerello ispirato alla fotografia omonima del 1983
Cm. 19,5 X 28,0

Da una fotografia dell'autore

Collezione privata dell'autore

FARFALLE

Serie composta da tre tavole - Tav. 3

1990

China e matite acquarellabili su cartoncino Canson gr. 224
Cm. 20,5 x 26,5

Collezione privata dell'autore

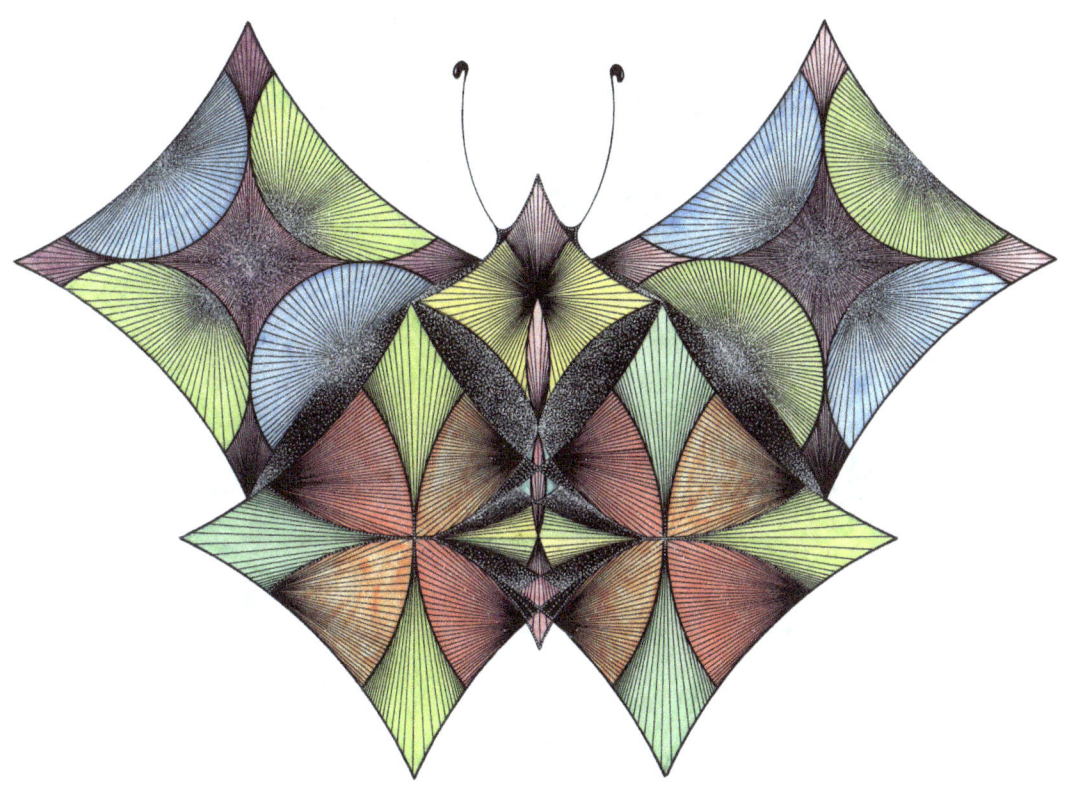

Farfalla di denari

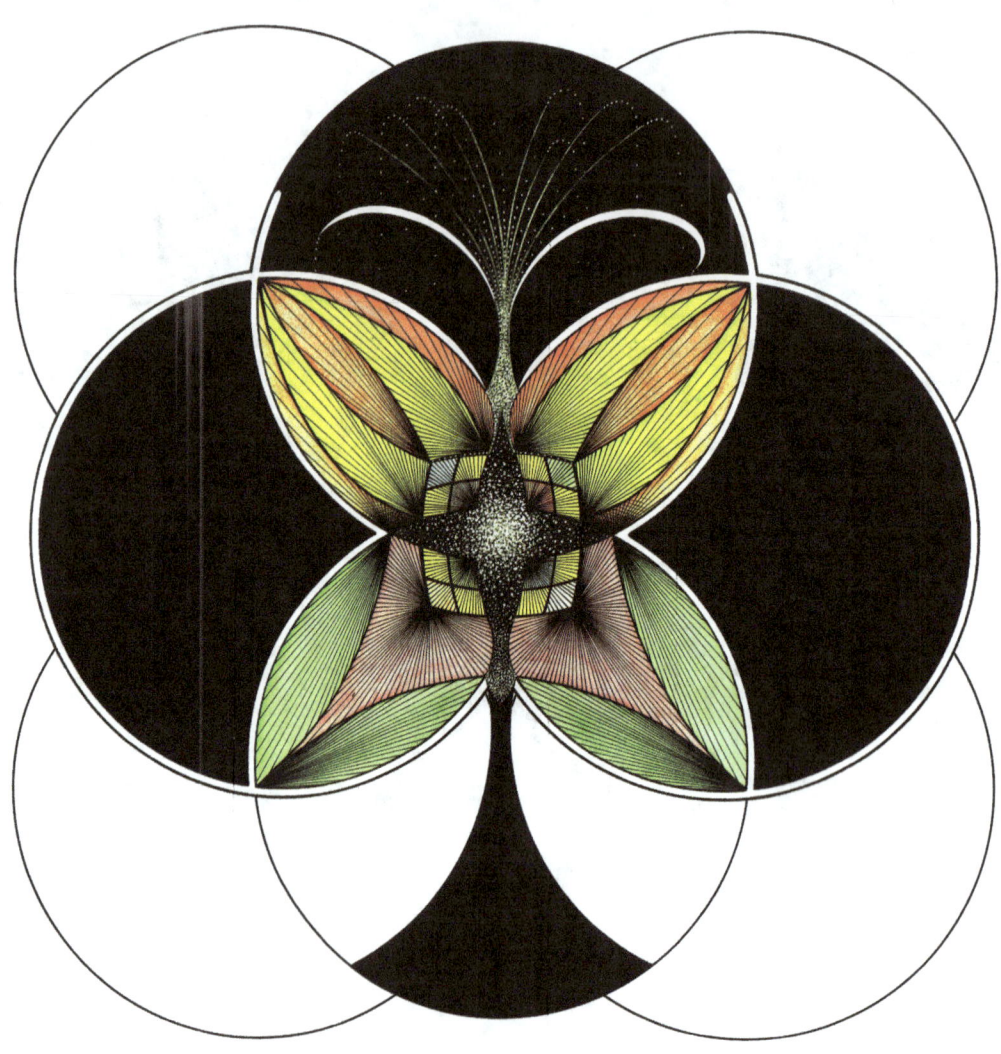

Farfalla di fiori

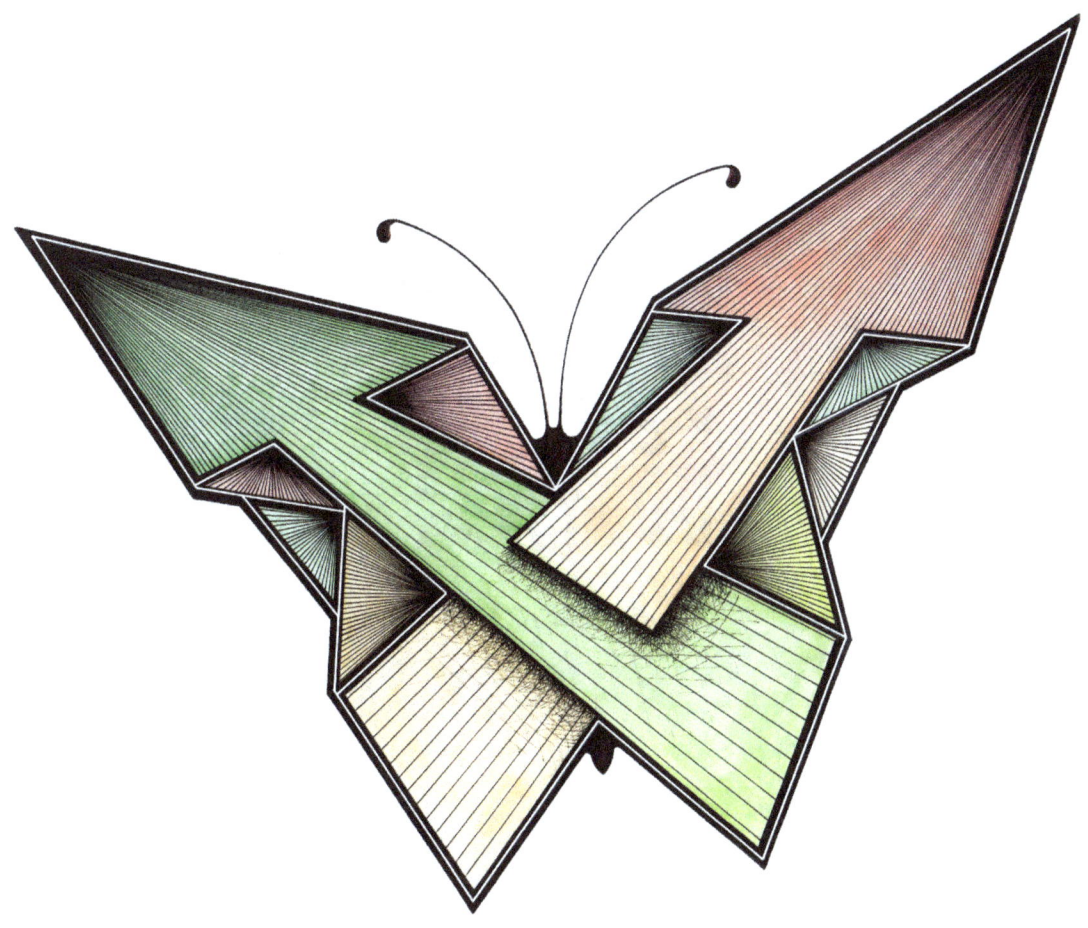

Farfalla di picche

ELABORAZIONI

https://youtu.be/
l_5qHSy2WqM

GRAFICA DIGITALE

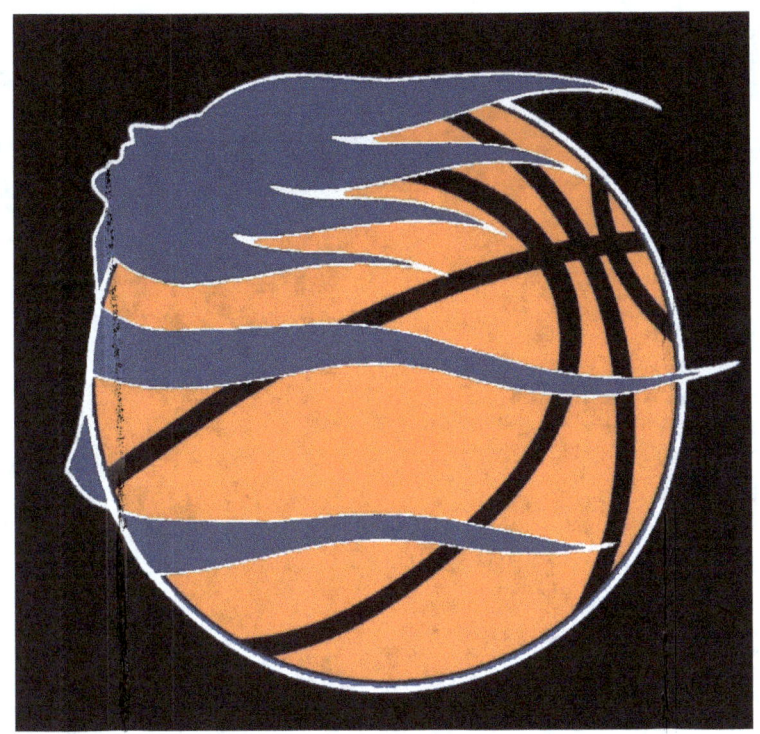

BELTIS

2003

Disegno a china su carta lucida poi elaborato al computer

Logo realizzato per l'omonima società sportiva di basket
femminile (Bergamo)

Collezione privata dell'autore

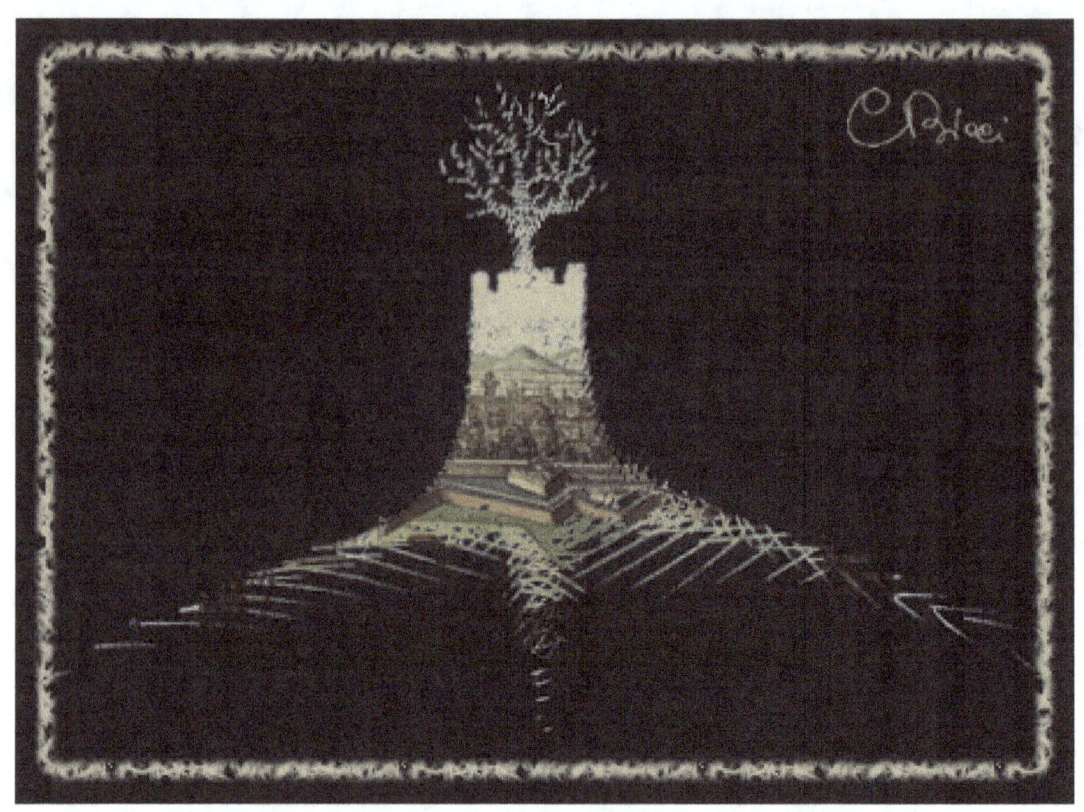

TORRE GUINIGI

2005

Elaborazione al computer del disegno omonimo

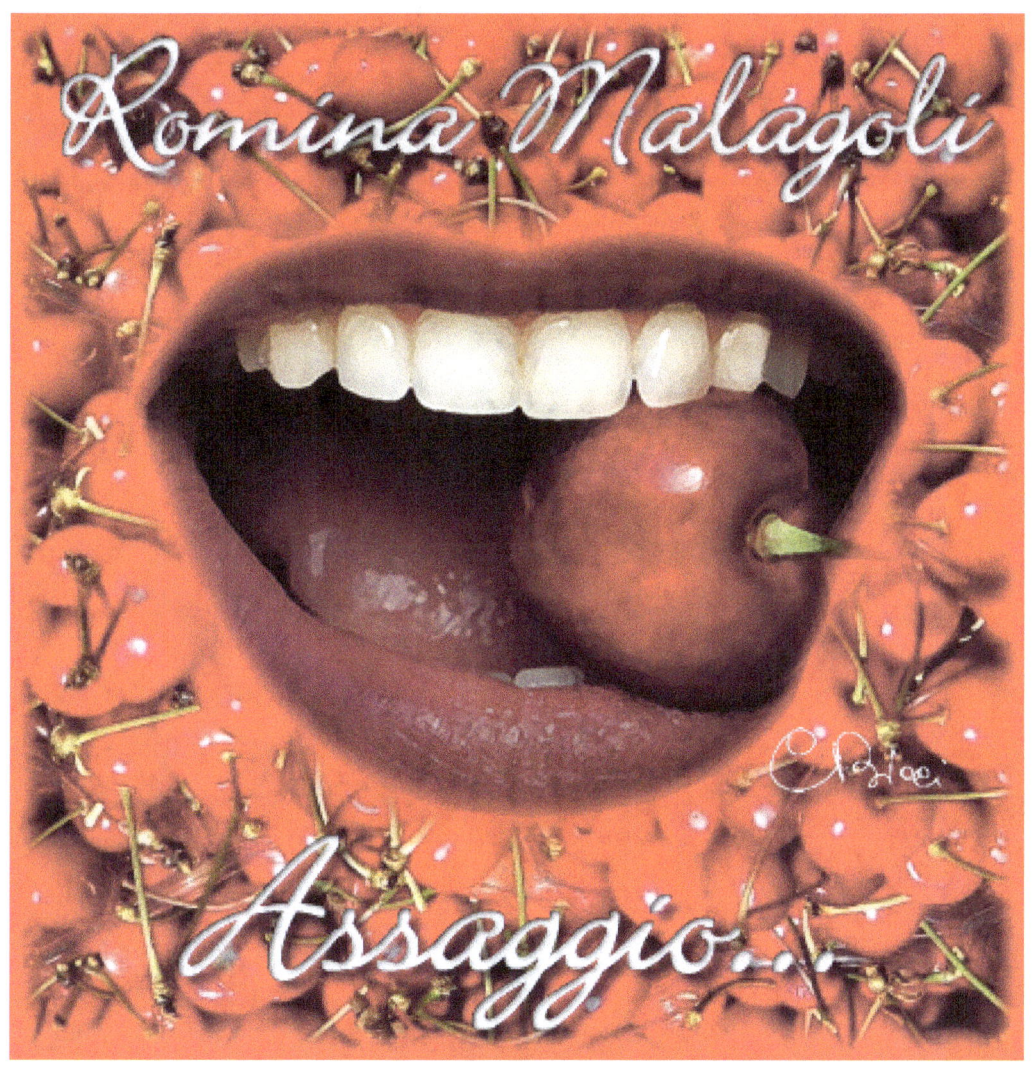

ASSAGGIO...

2007

Copertina del CD di Romina Malagoli

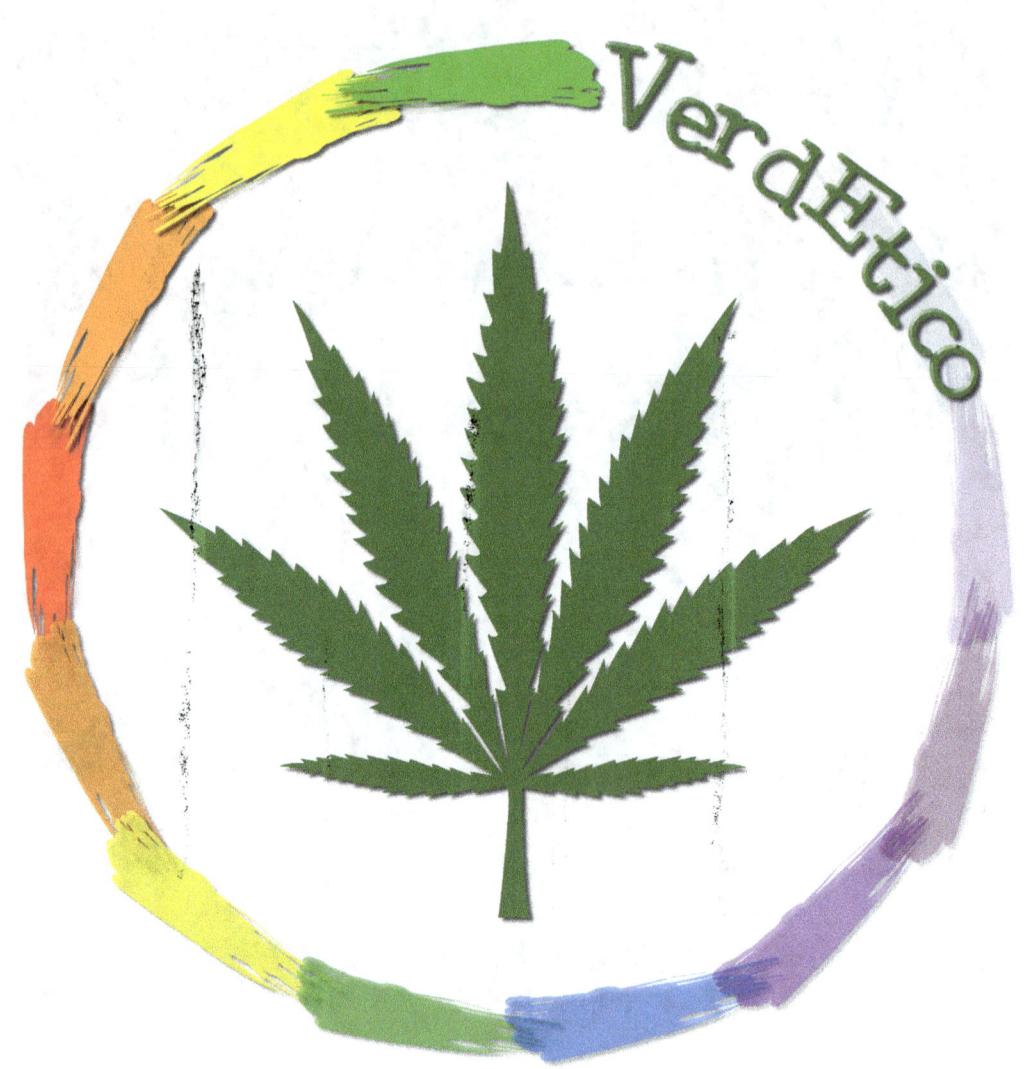

VERDETICO

2019

Logo dell'azienda omonima

TUTTO IL RESTO

MATERICA

*https://youtu.be/
YGEmdtL4pZk*

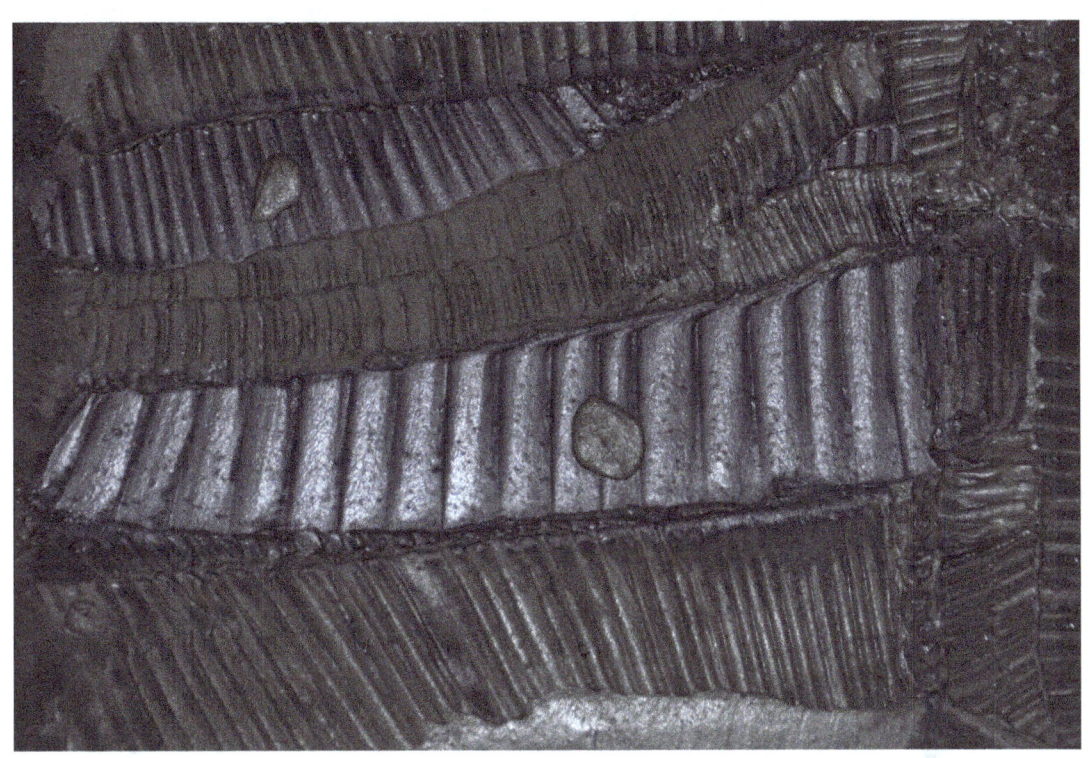

I CAMPI

1981

Opera materica in rilievo (cemento colorato con colori a tempera, gesso, ecc.) su legno truciolato
Cm. 30,0 x 40,0

Collezione privata di Sara Camussa (Alessandria)

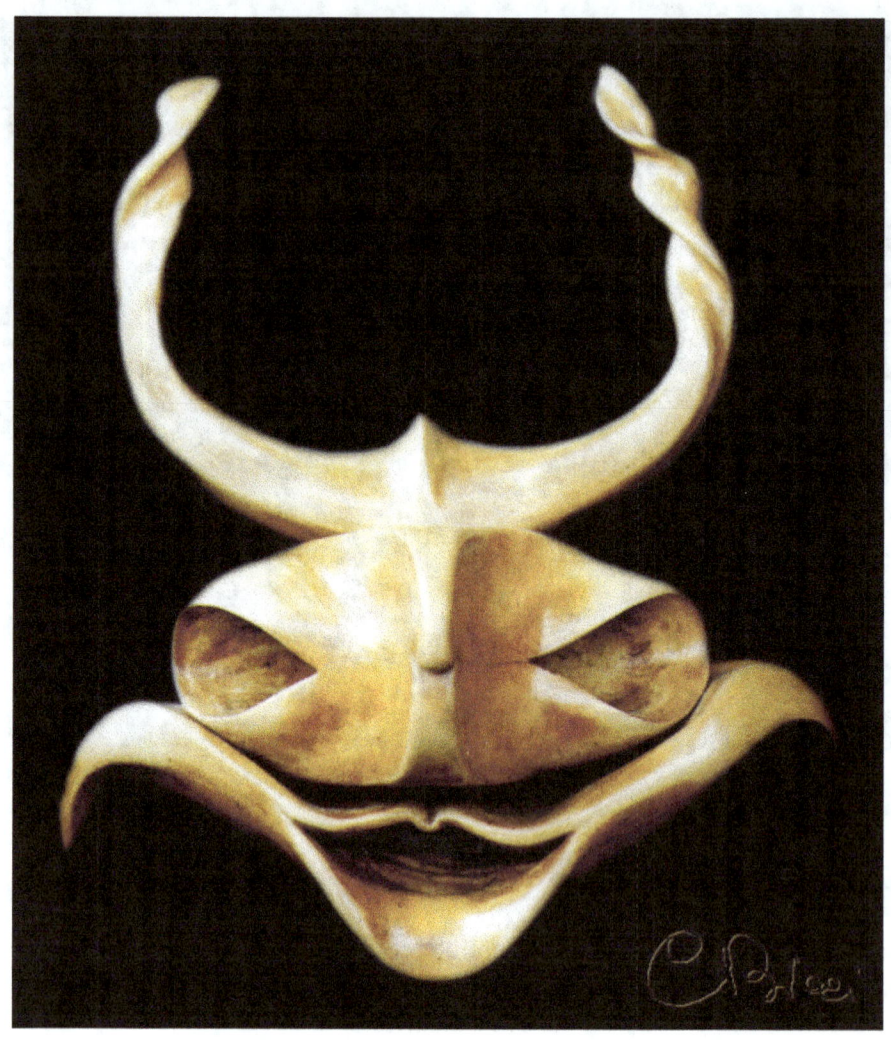

MASCHERONE

1985

Pasta di legno montata su tavola di legno
Cm. 14,0 x 12,0 x 4,0 profondità, circa – escluso tavola di legno

Collezione privata dell'autore

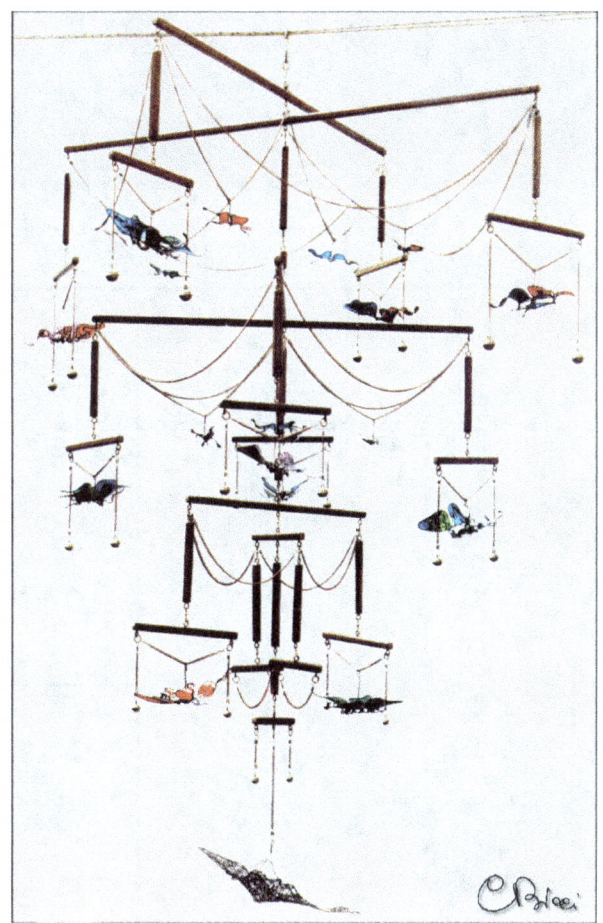

LA VOLIERA MAGICA

1985

Struttura in legno di noce composta da 14 parti autonomamente semoventi con bubbole in ottone e catene bronzate. La struttura sostiene 19 farfalle realizzate in rame e materiale plastico trasparente.
Cm. 111,5 x 85,0

L'intera struttura è andata perduta

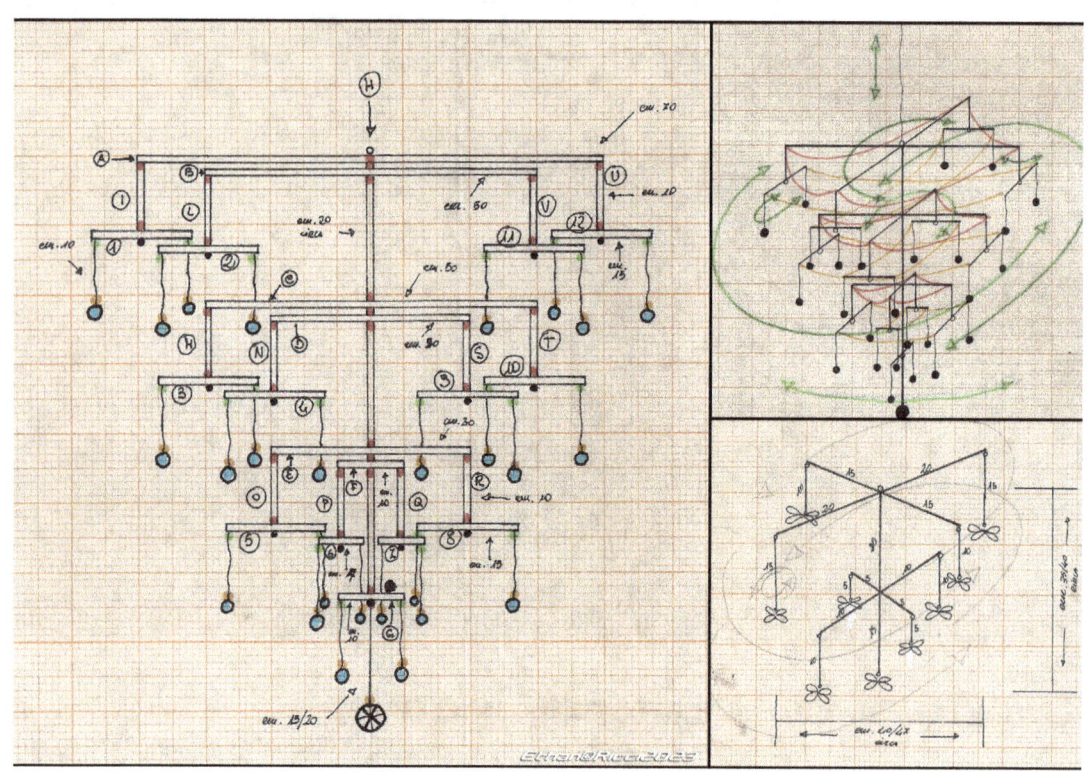

Progetto per la realizzazione della "voliera magica"

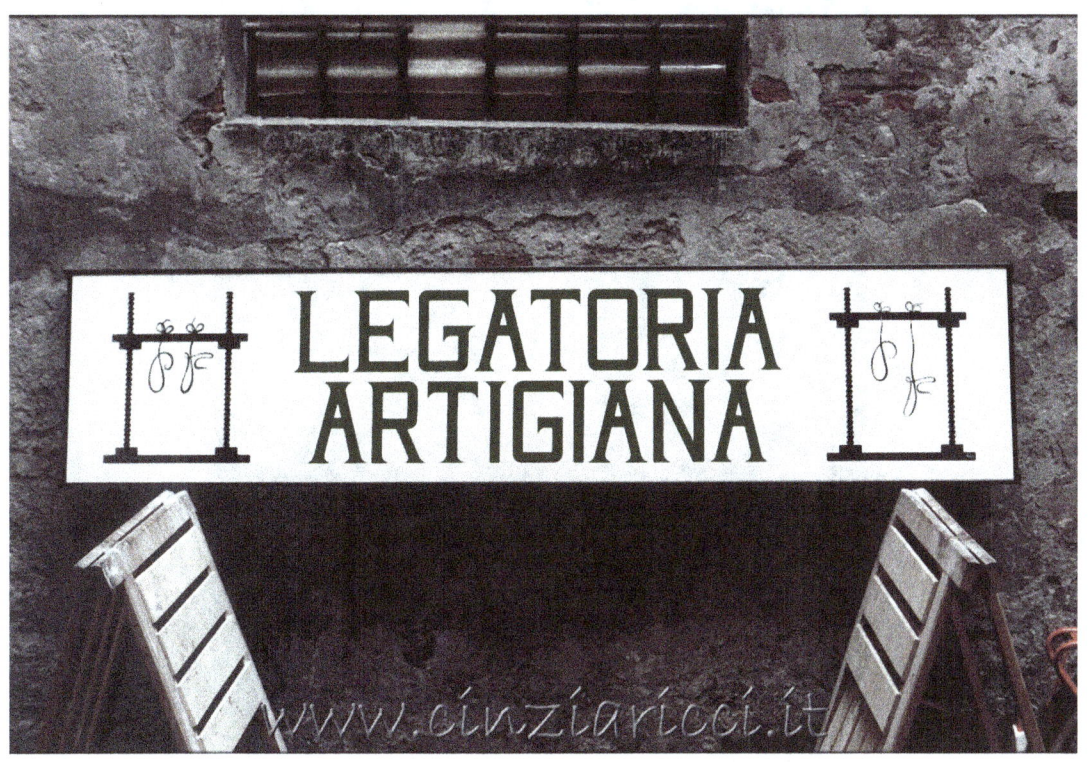

LEGATORIA ARTIGIANA

1990

Insegna realizzata per la legatoria artigiana di Paola Fazzi (Lucca)

Sagoma in legno multistrato decorata con colori sintetici
Cm. 210,0 x 45,0 (circa)

Collezione privata di Paola Fazzi (Lucca)

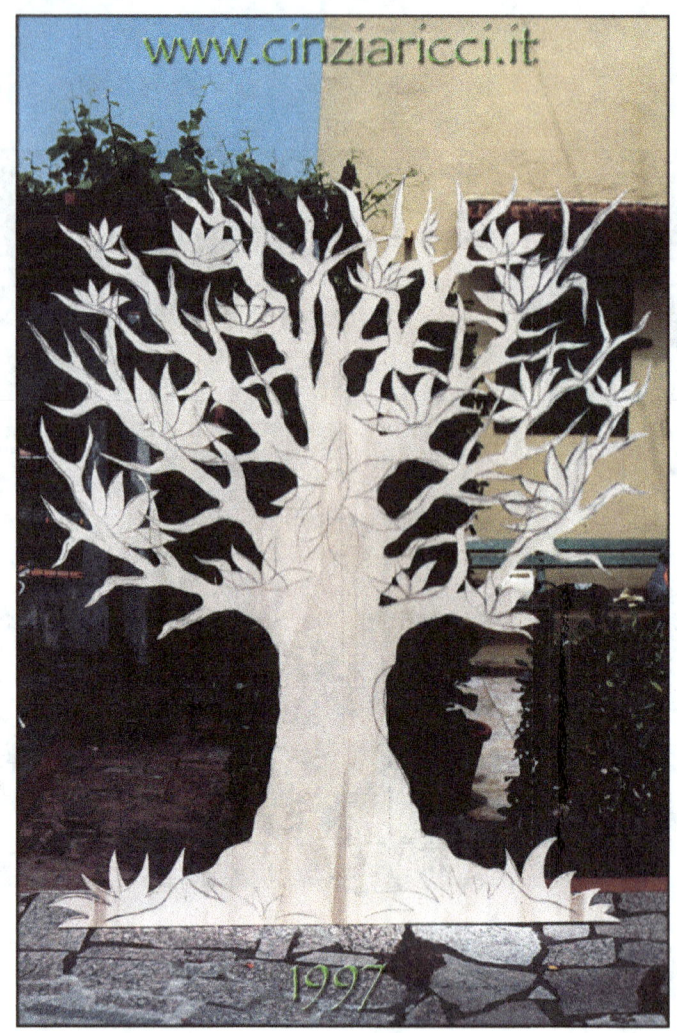

ALBERI DI BARGECCHIA

1997

Acrilici su legno multistrato sagomato
Altezza cm. 200 circa

Collezione privata di Sabrina Comelli, Bargecchia (Lucca)

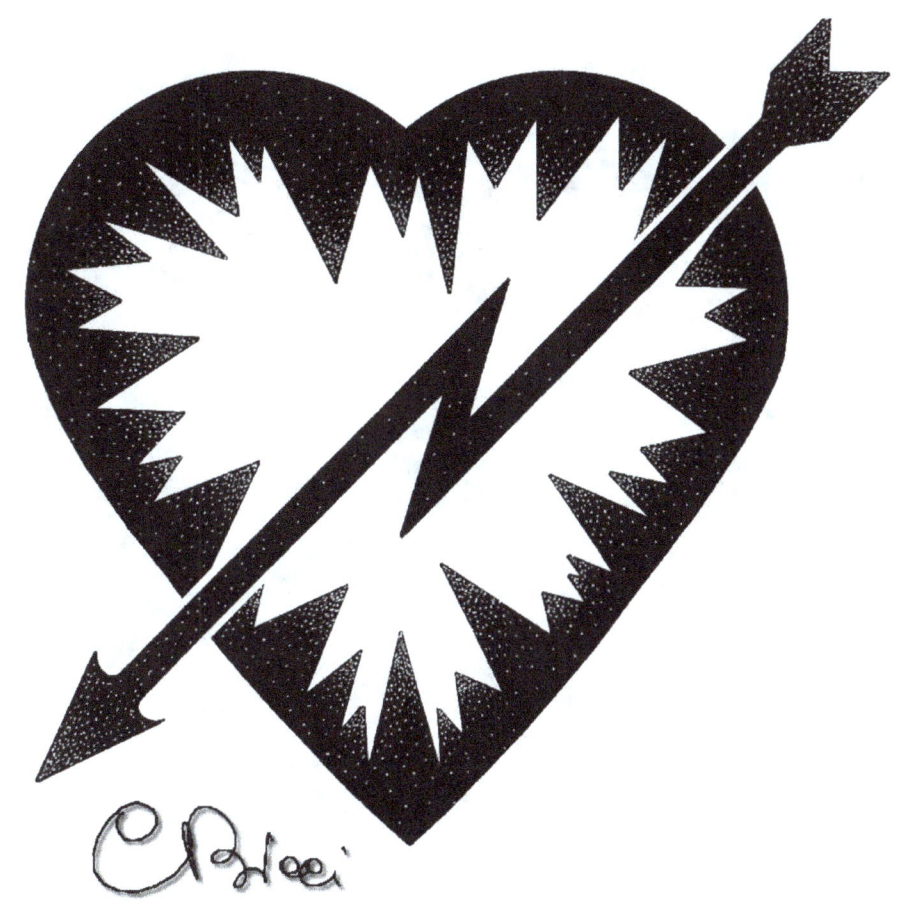

CUORI TRAFITTI

1998

Bozzetto preliminare elaborato per la realizzazione di cuori sagomati in legno multistrato

China su carta
Cm. 29,5 x 21,0

Collezione privata dell'autore

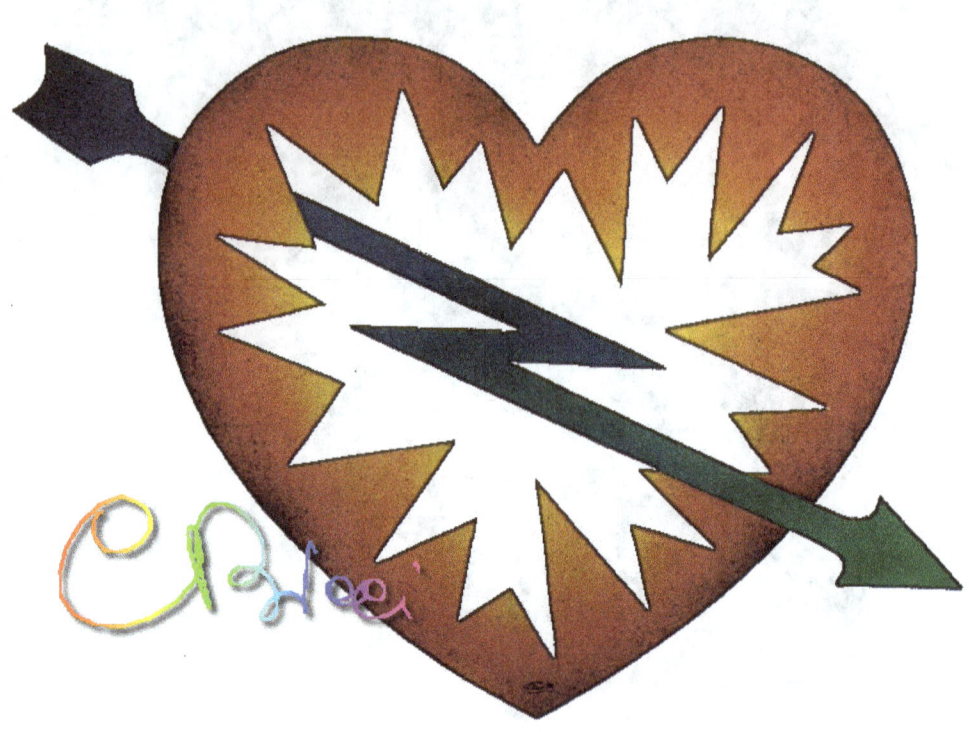

CUORE TRAFITTO # 1

1998

Cuore sagomato e intagliato in legno multistrato, decorato con colori acrilici, a pennello e spruzzo

Cm. 70,0 x 70,0 (x 1,0) circa

Collezione privata di Samuela Vitali - Aulla (MS), 1998

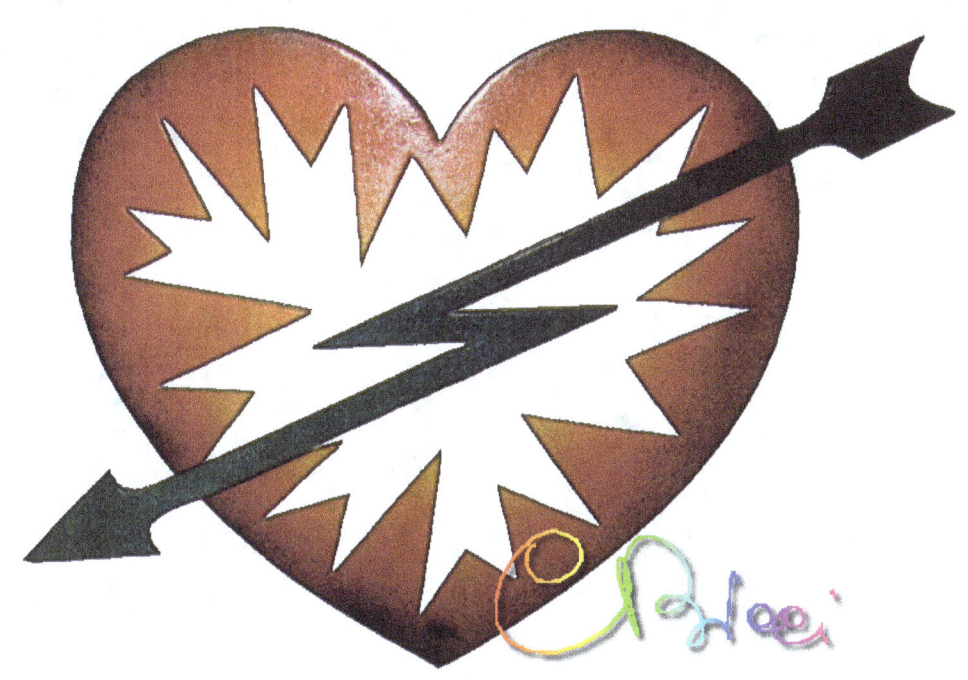

CUORE TRAFITTO # 2

1998

Cuore sagomato e intagliato in legno multistrato, decorato con colori acrilici, a pennello e
spruzzo
Cm. 70,0 x 70,0 (x 1,0) circa

Collezione privata di Ida Pisani - Lucca, 1998

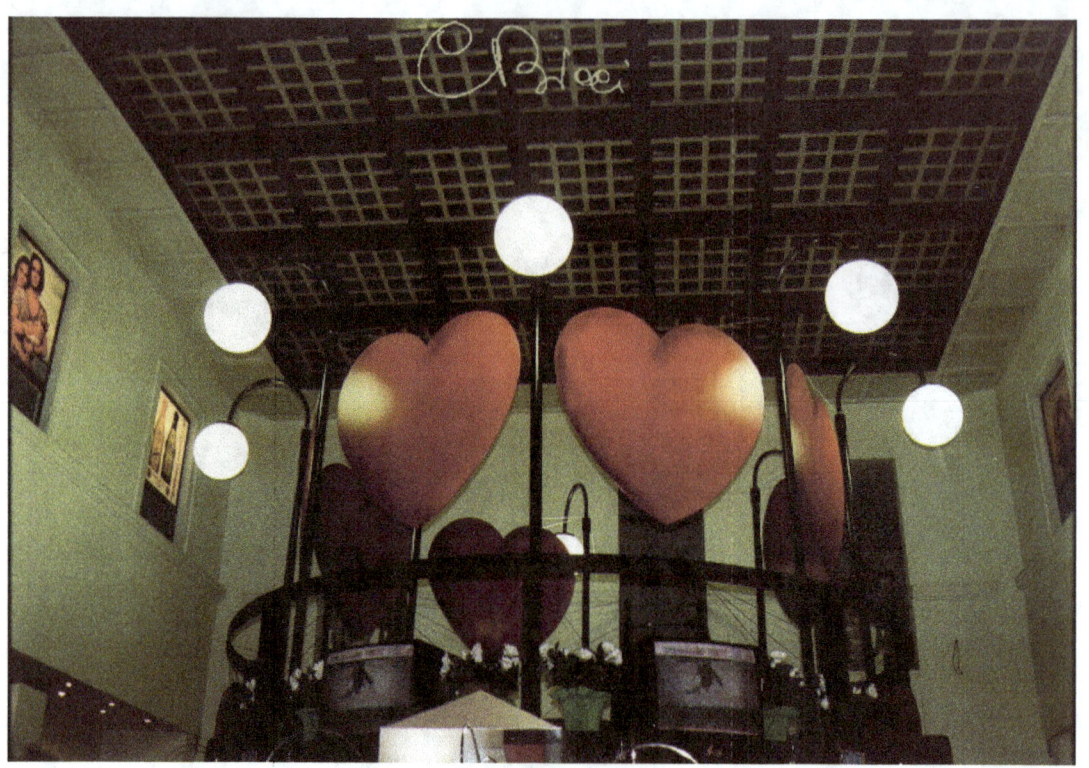

SAN VALENTINO

1998

Installazione promozionale realizzata per la Profumeria Internazionale "Via Cavour" di Firenze

Cuori sagomati in legno multistrato, decorati con colori acrilici, a pennello e spruzzo

N. 6 pezzi cm. 150 x 150 (x 1,0), N. 2 pezzi cm. 100 x 100 (x 1,0) e n. 2 pezzi cm. 50 x 50 (x 1,0), circa

Collezione privata del committente (SNAIL s.r.l – Prato) - 1998

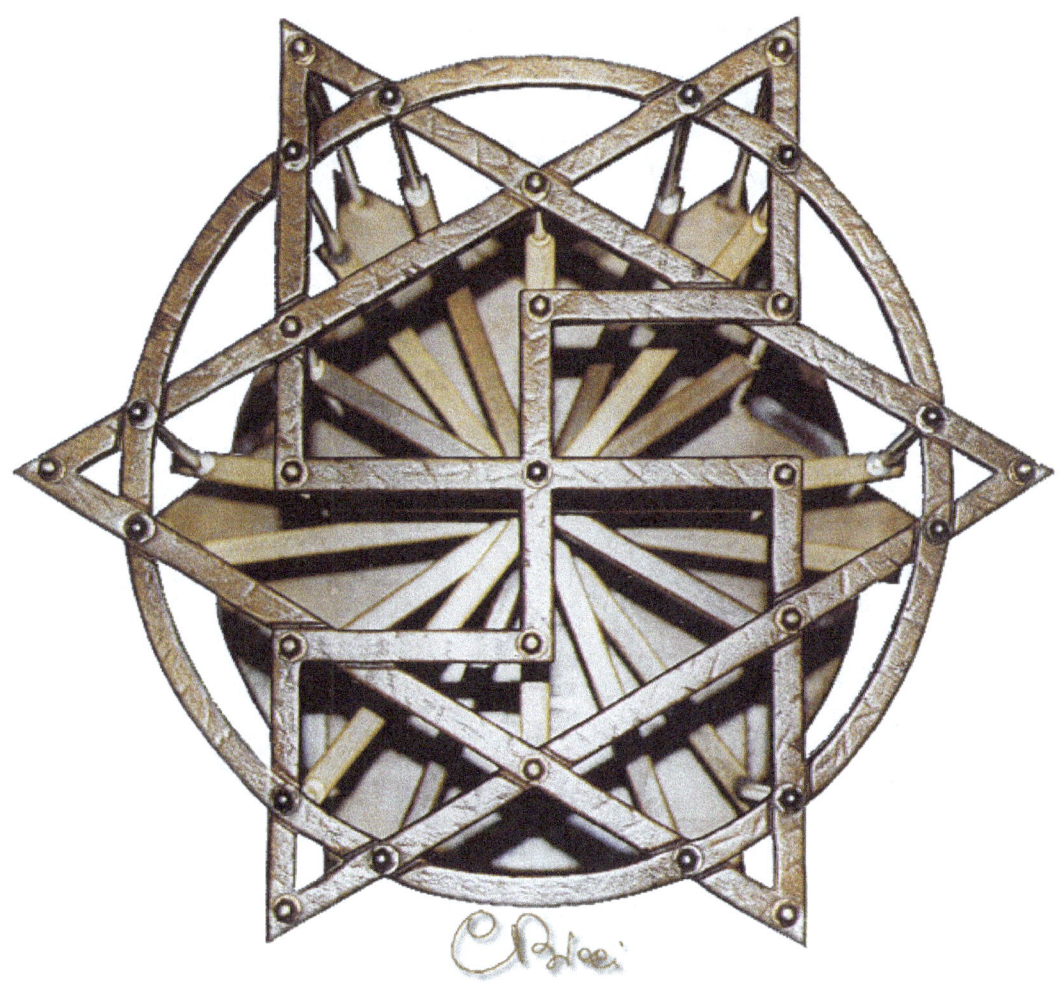

UNIFICAZIONE COSMICA TOTALE

1998

Struttura in legno di noce, ramino, multistrato, ottone, alluminio e ferro cromato
Cm. 23,5 x 32,5

Collezione privata dell'autore

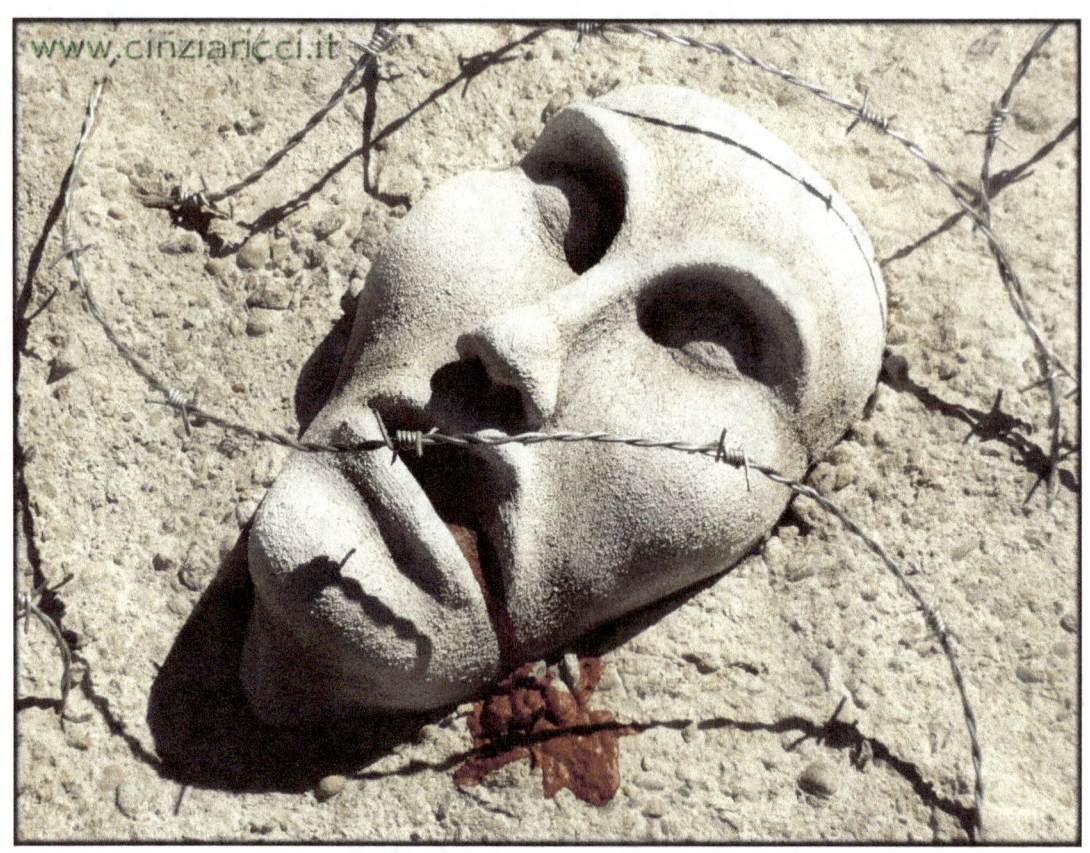

BERGEN BELSEN 1942-1945

2008

Creta, intonaco, calcestruzzo e filo spinato su tavola di legno
Cm. 62,0 x 55,5 x 15,0

Collezione privata di Sara Camussa (Alessandra)

(R)ESISTENZE

https://youtu.be/eCxuVmLlFks

BERGEN BELSEN

https://youtu.be/Aa-r47R-Ygw

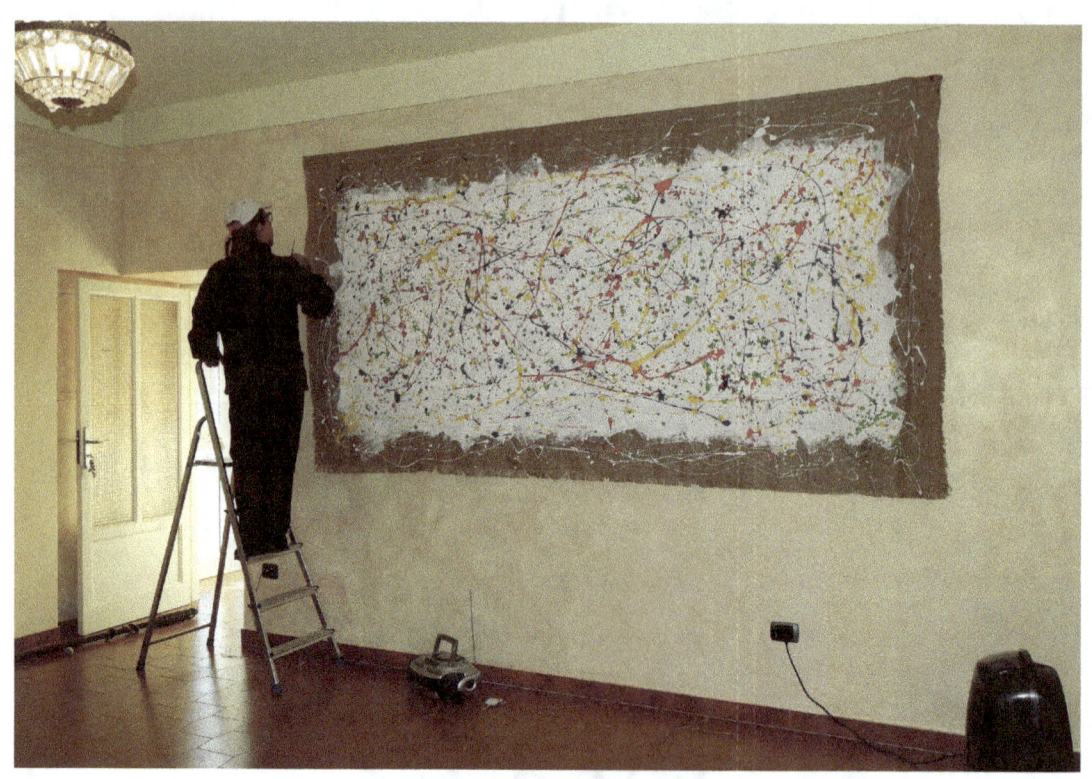

5 COLORI O ANCHE "POLLOCK DE'PPOVERI"

2010

Colori vinilici su tela di iuta
Cm. 300,0 x 160,0

Collezione privata di Sara Camusa (Alessandria)

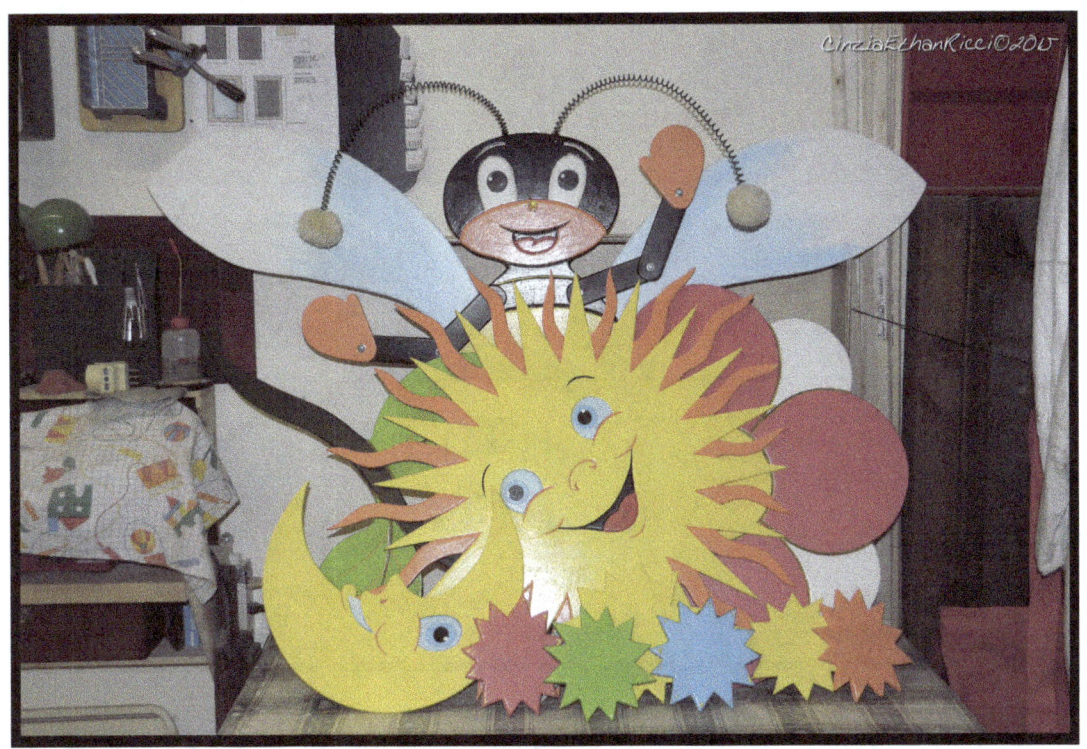

SAGOME

2015

Legno multistrato sagomato, intagliato e colorato con acrilici
Varie misure

Collezione privata di Serena Camusa (Alessandria)

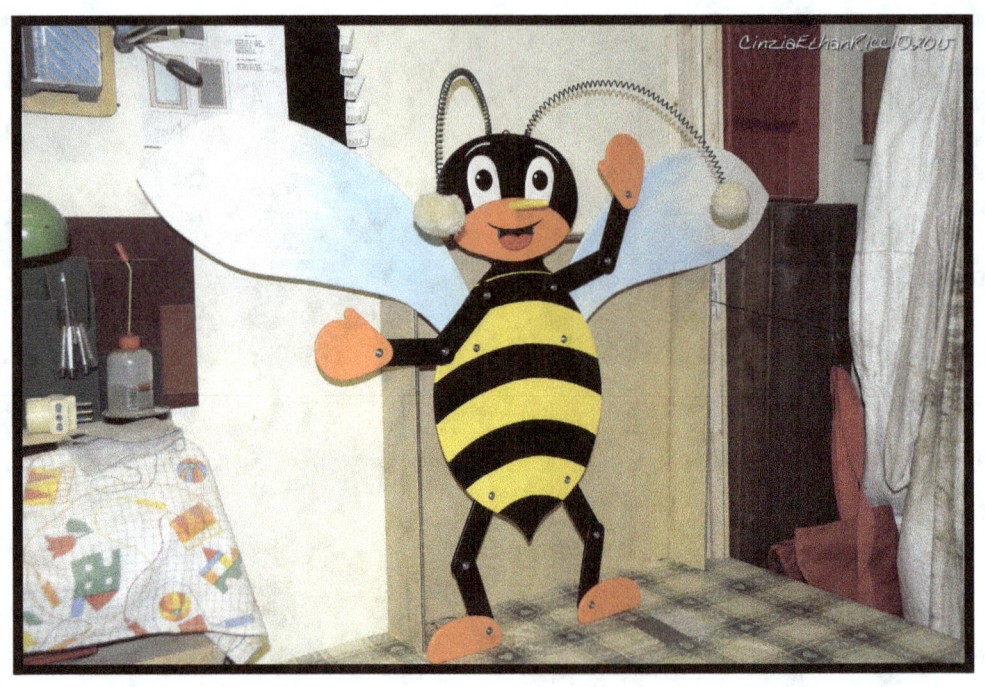

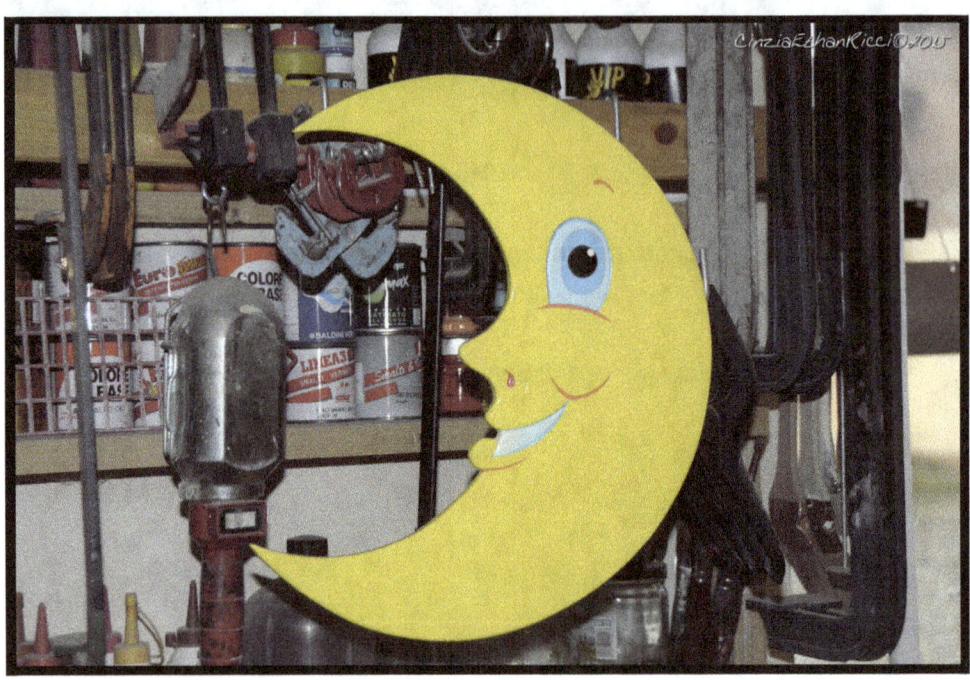

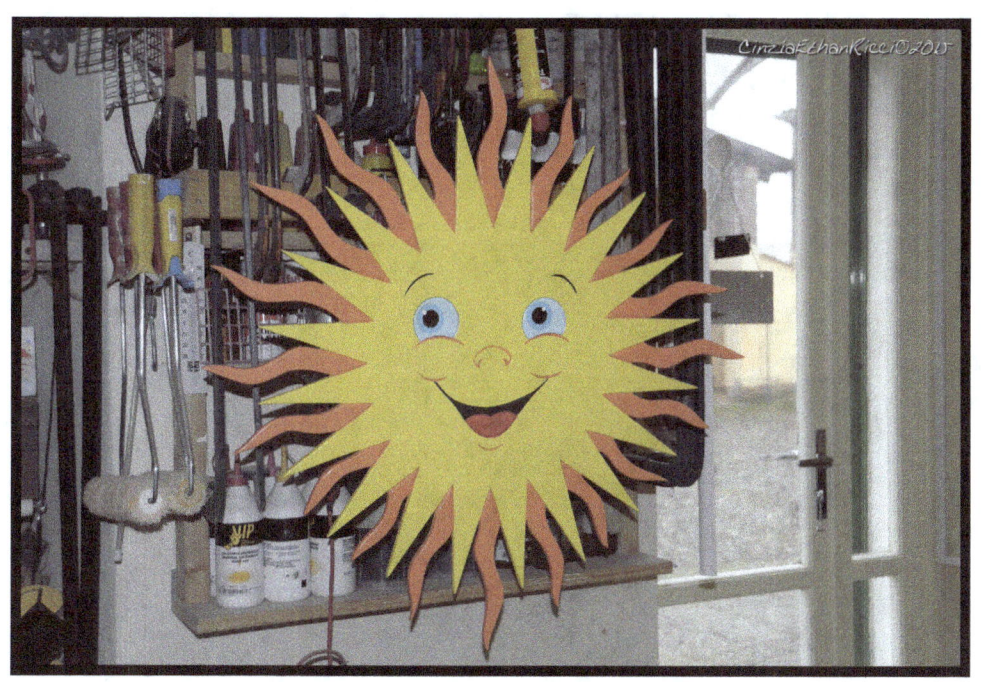

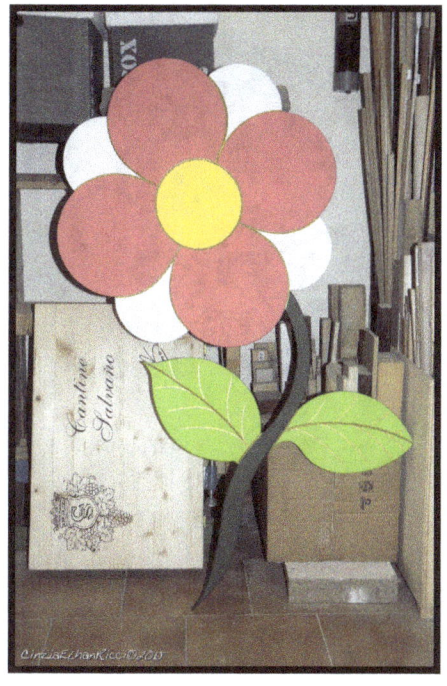

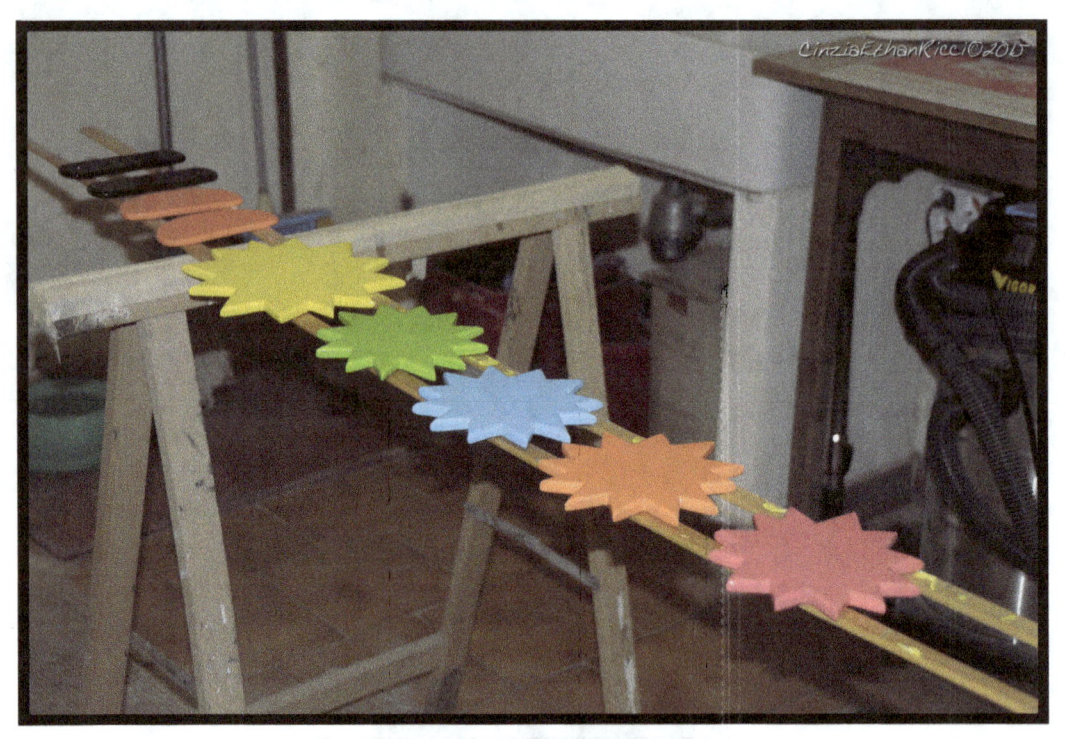

SAGOME DECORATIVE PER BAMBINI

https://youtu.be/UEV_dQOS_pA

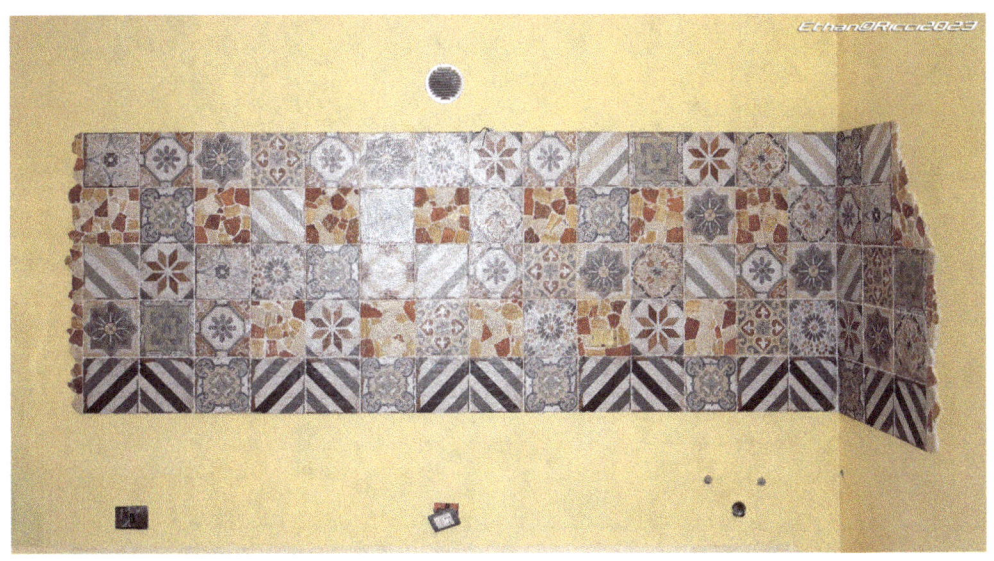

PARASCHIZZI

2023

Composizioni in marmo e ceramica realizzate a San Giuliano Vecchio, Alessandria

Proprietà di Sara Camussa (Alessandria)

MOSAICO E PARASCHIZZI

*https://youtu.be/
8XVpL06x6NA*

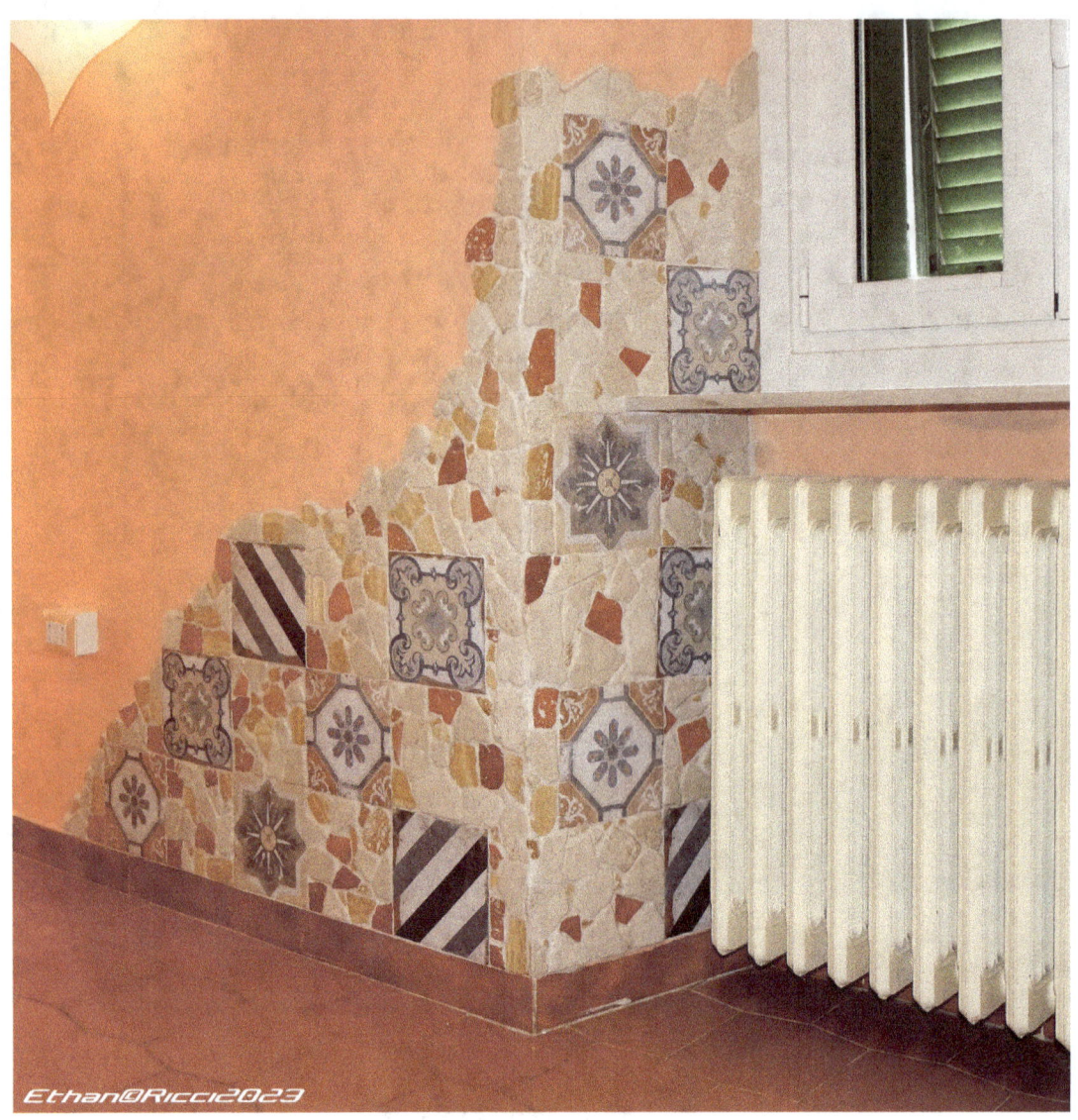

MOSAICO

2023

Composizioni in marmo e ceramica realizzate a San Giuliano Vecchio, Alessandria

Proprietà di Sara Camussa (Alessandria)

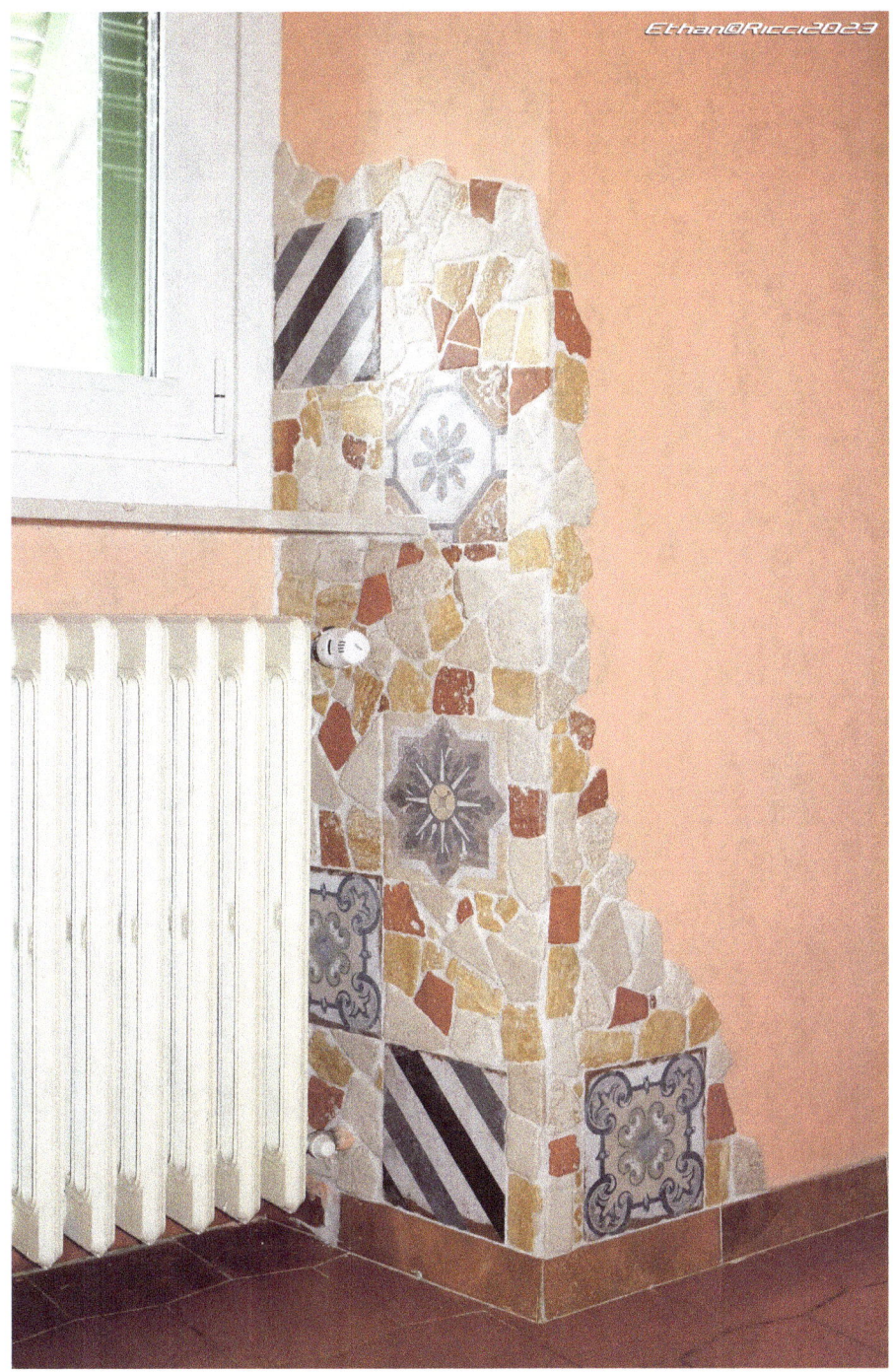

79

PITTURA

https://youtu.be/
0WHuxeJSvgk

PITTURA

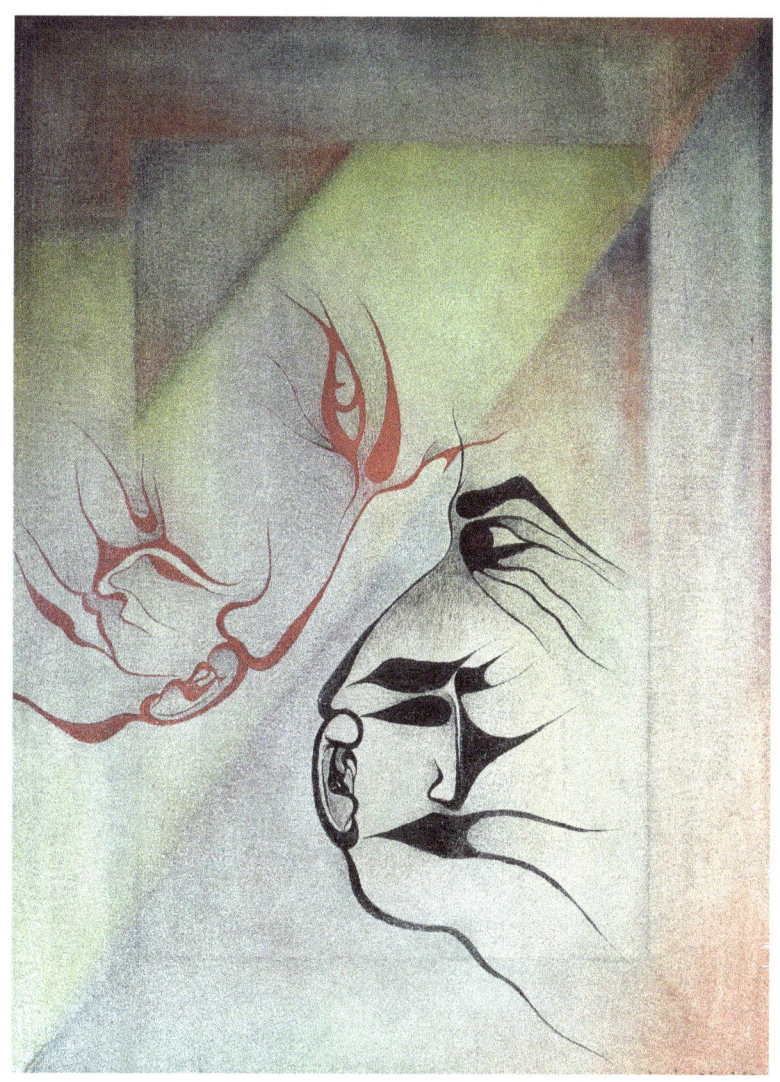

PROTOME AMBIVALENTE

1981

Tecnica mista con olio su tela grezza
Cm. 41,0 x 30,0

Collezione privata dell'autore

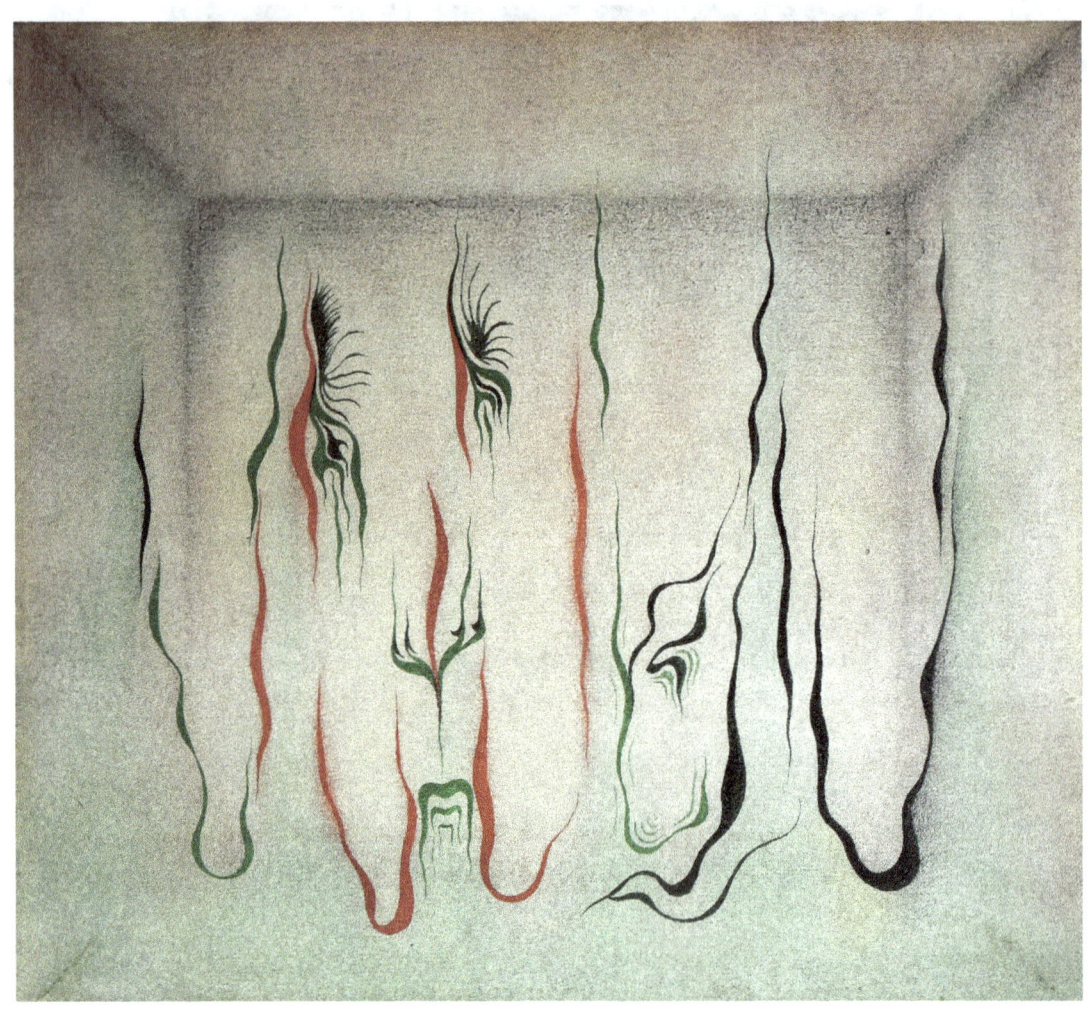

RITRATTO ALL'ANGOSCIA

1981

Tecnica mista con olio su tela grezza
Cm. 27,0 x 30,0

Collezione privata dell'autore

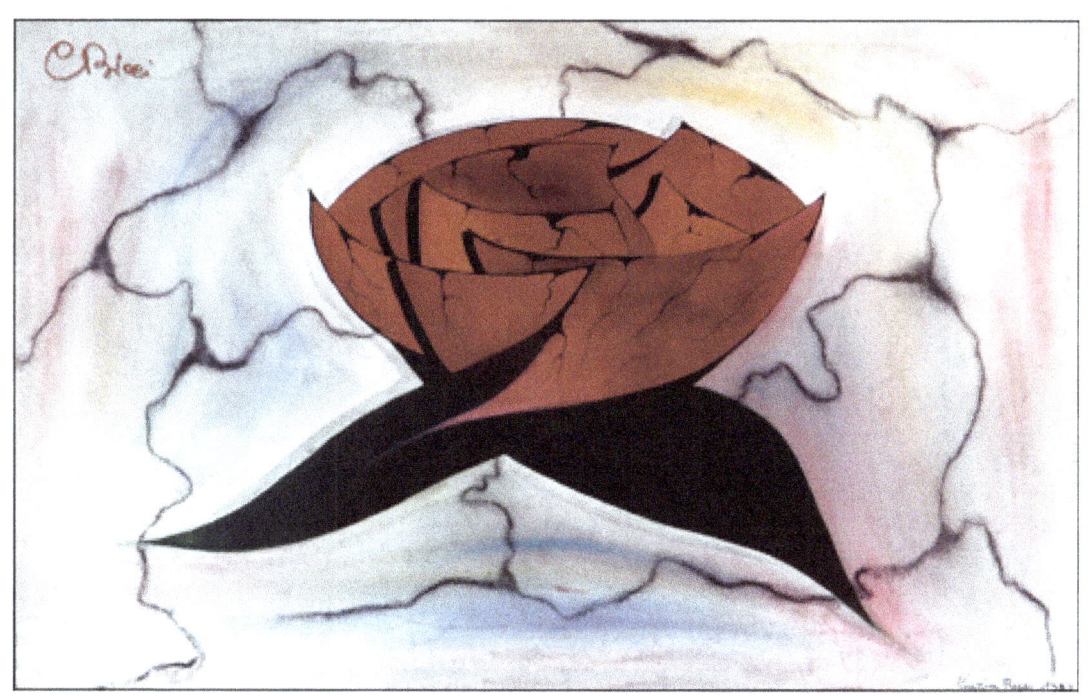

LA VERITÀ IN PUGNO

1982

Tecnica mista con olio su tela grezza
Cm. 60,0 x 90,0

Collezione privata dell'autore

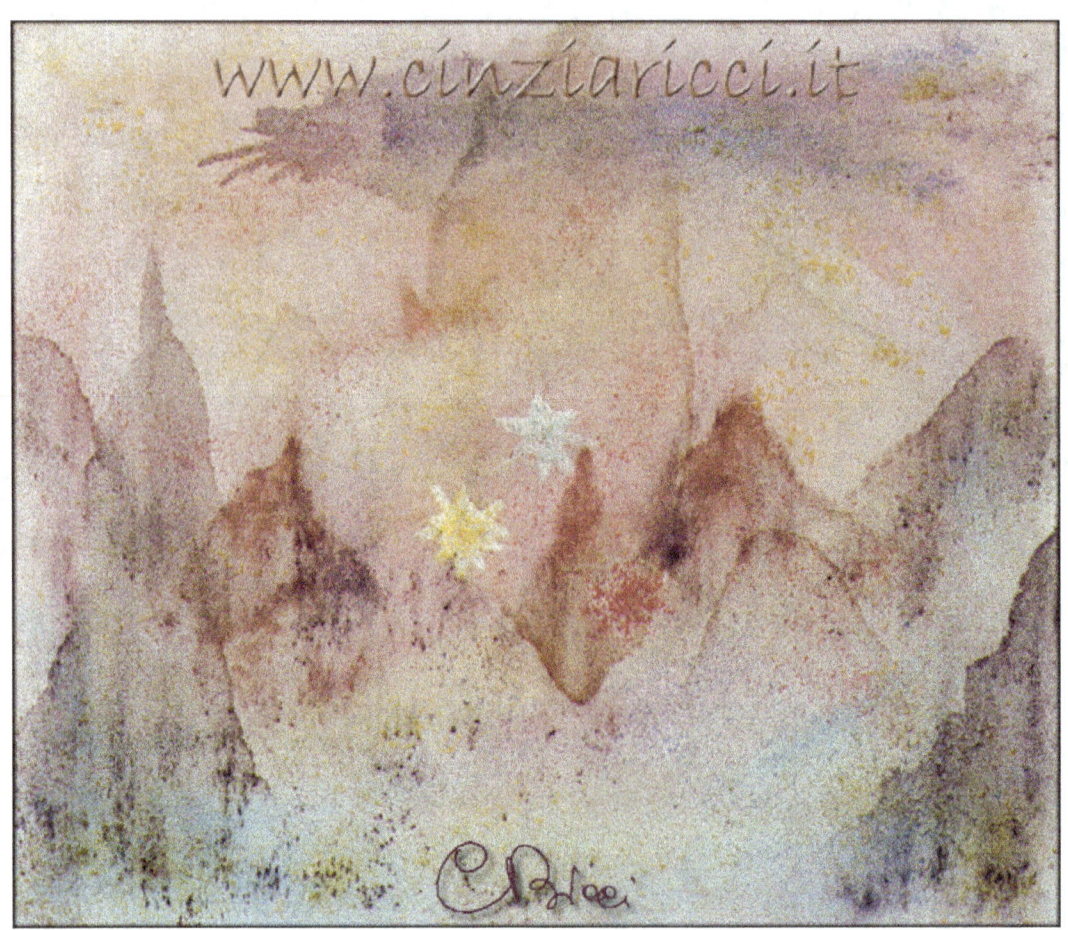

PRIMAVERA NELLA VALLE DELLA MORTE

1982

Tecnica mista con olio su tela grezza
Cm. 29,0 x 33,0

Collezione privata dell'autore

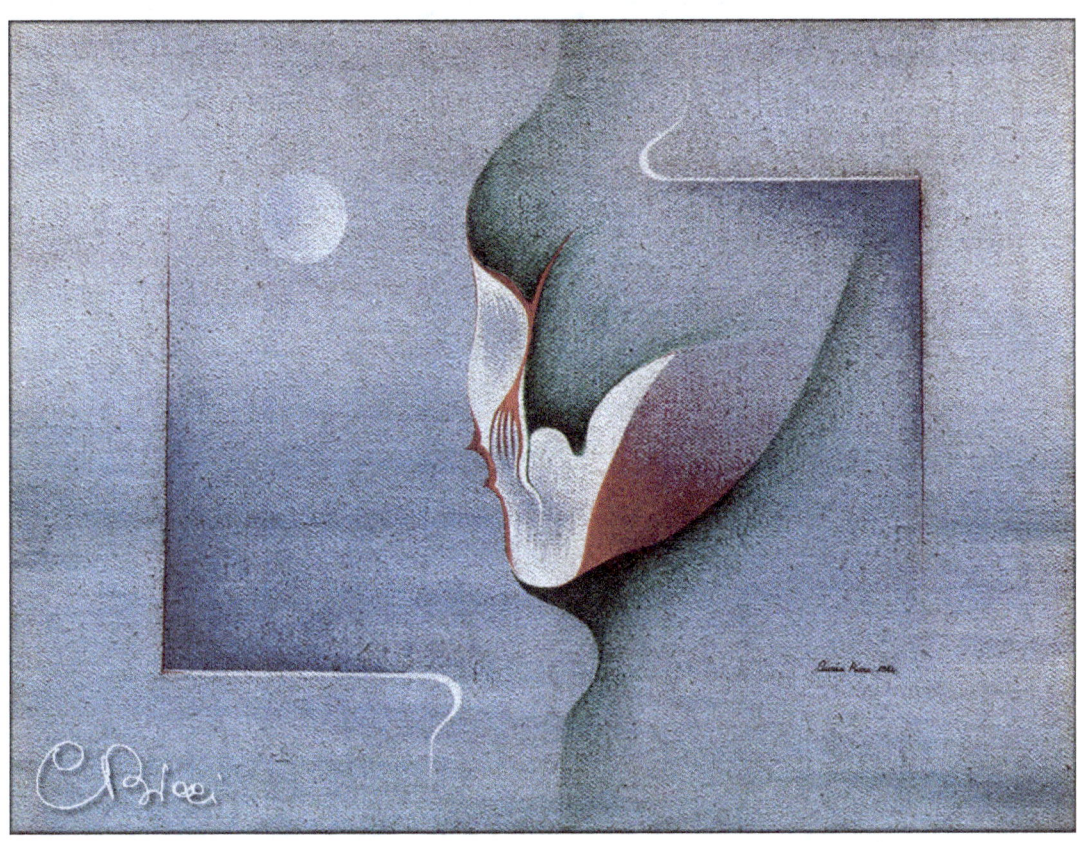

HAI FATTO UN ALTRO DIPINTO, / DOVE SI VEDE / RECIDERSI IL TUO CUORE, O UN LIMBO / DI COMETE

1984

Titolo tratto da una poesia del 7 Luglio 1984 di Massimo Lenzi

Olio su tela grezza
Cm. 25,0 x 33,0

Collezione privata dell'autore

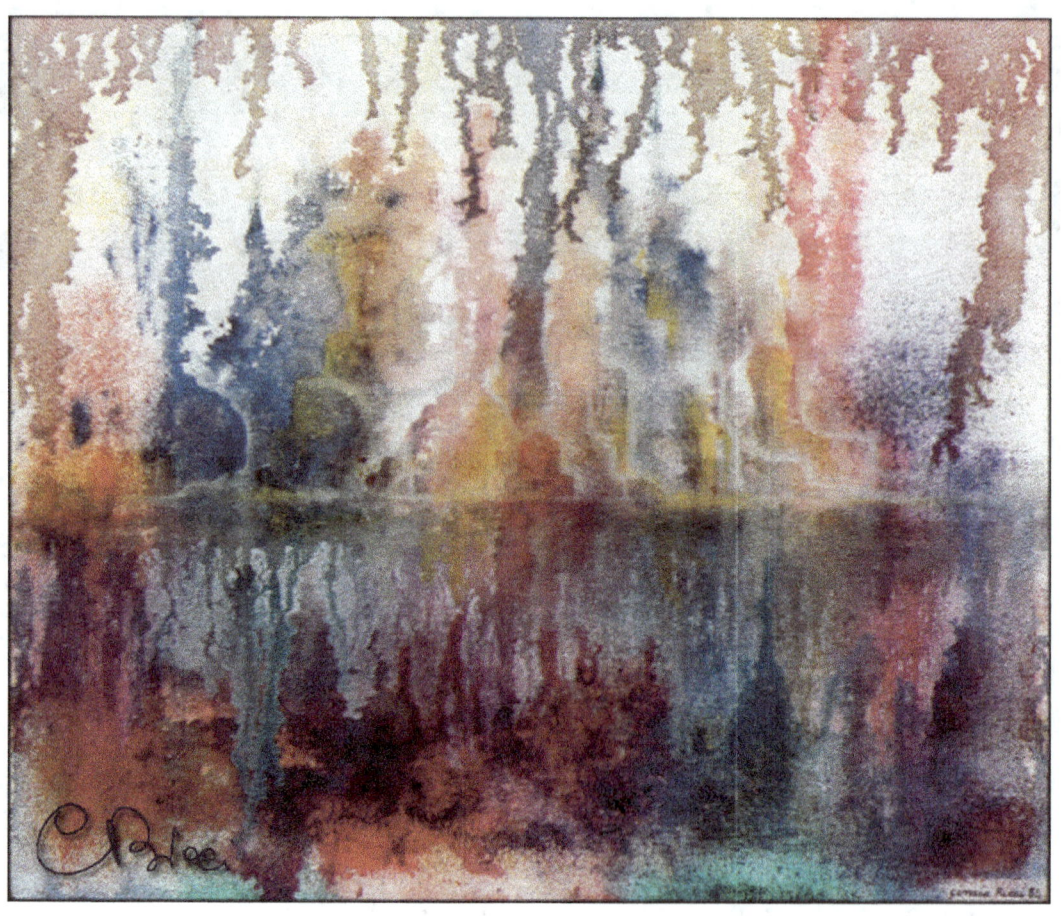

**QUANTO, O VIAGGIATORE, QUESTO PAESAGGIO PALLIDO
PALLIDO T'HA SPECCHIATO; / COME TRISTI PIANGEVANO IN CIMA
AGLI ALTI ALBERI LE SPERANZE ANNEGATE**

1984

Titolo tratto da una poesia del Maggio/Giugno 1872 di Paul Verlaine

Tecnica mista su tela grezza
Cm. 28,5 x 33,5

Collezione privata dell'autore

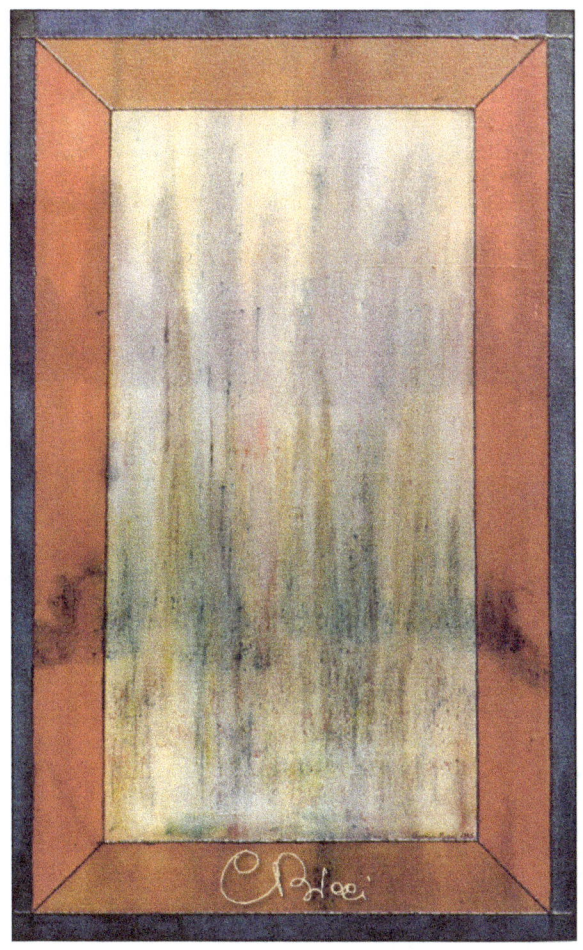

PIANO, SEPPUR LESTA, / COME OGNI FIAMMA / FIOCA LUCE SVANISCE

1985

Titolo tratto dalla poesia "Stanchezze remote" di Cinzia Ricci

Tecnica mista con olio su tela grezza
Cm. 45,5 x 28,0

Collezione privata dell'autore

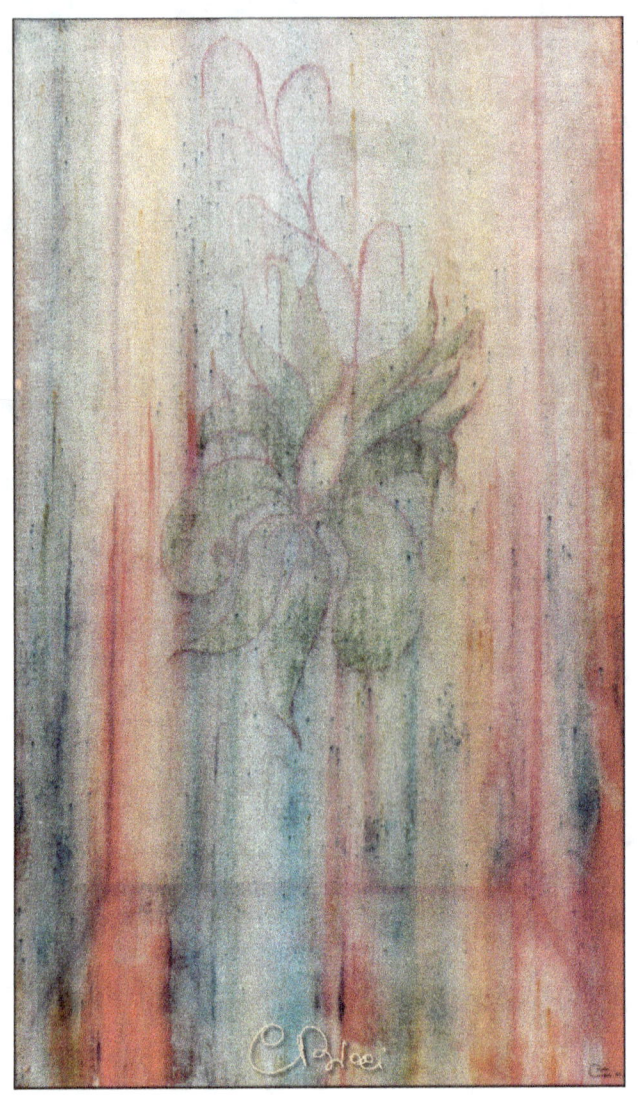

**FLEUR DU MAL, / FEMMES DAMNES – / IO SONO LO
SPECCHIO, / IO L'IDENTICA MASCHERA DI ME**

1985

Tecnica mista con olio su tela grezza
Cm. 45,5 x 28,0

Collezione privata dell'autore

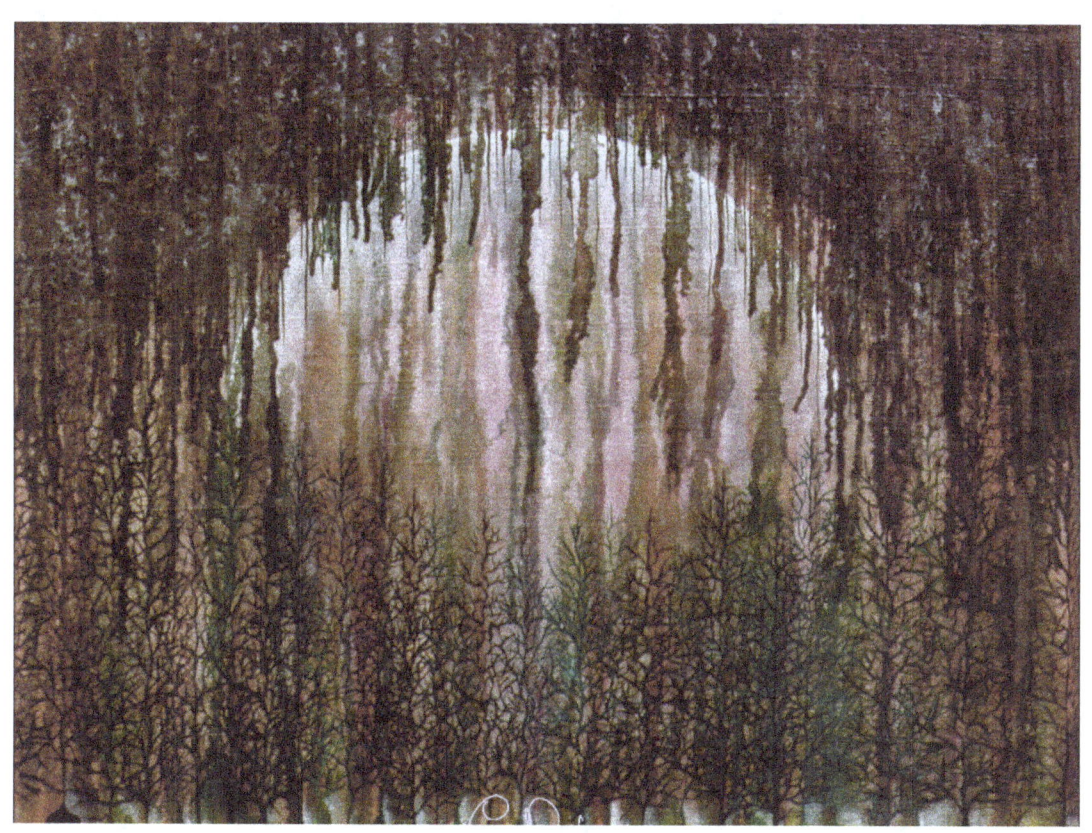

LA FORESTA DI BIRNAM

1985
Tecnica mista con olio su tela grezza
Cm. 50,0 x 60,0

Collezione privata dell'autore

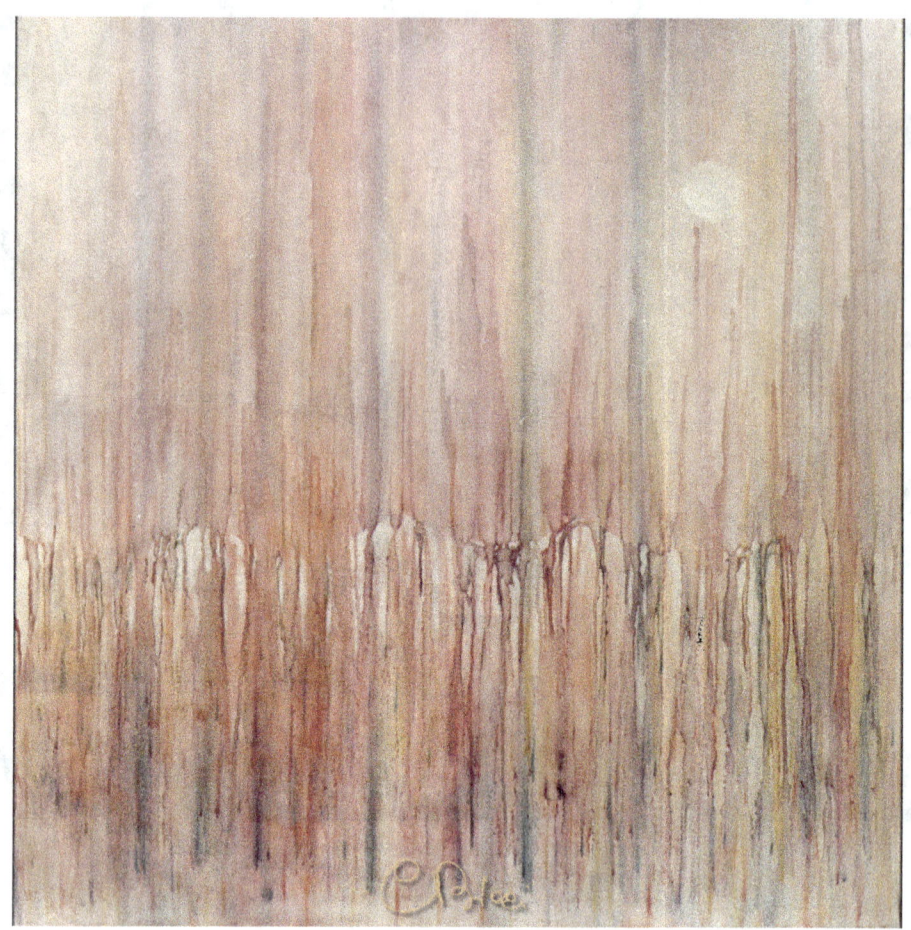

TERZO MOVIMENTO

1985

L'opera, protagonista di una performance audio-visiva di particolare
suggestione, è stata realizzata con una tecnica che permettendone la
visione anche al buio, ne svela il paesaggio notturno in essa celato

Tecnica mista con olio su tela grezza
Cm. 100,0 x 100,0

Collezione privata dell'autore

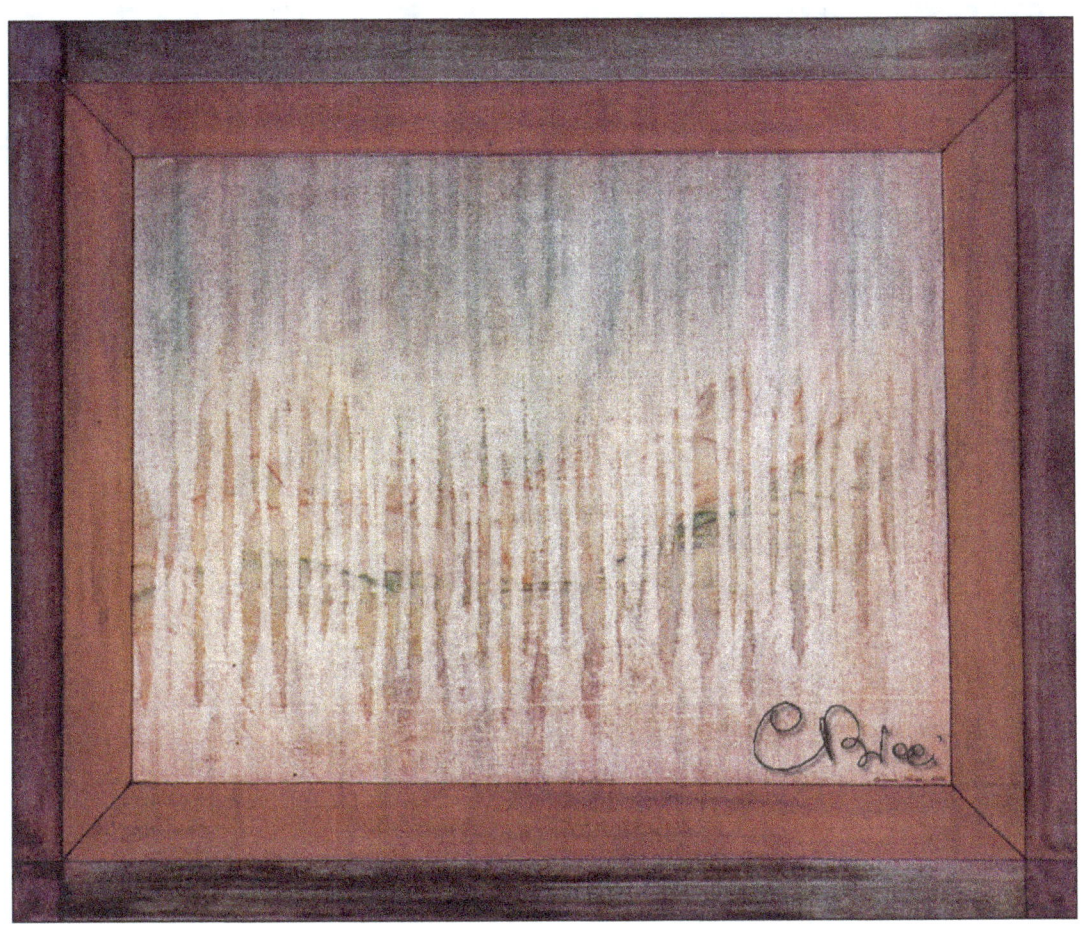

PASSEZ - JEUNES FILLES - PASSEZ

1986

Titolo tratto da una poesia di Marina Cvetaeva

Tecnica mista ed olio su tela grezza
Cm. 49,5 x 59,5

Collezione privata di Ettore Messina (Pistoia)

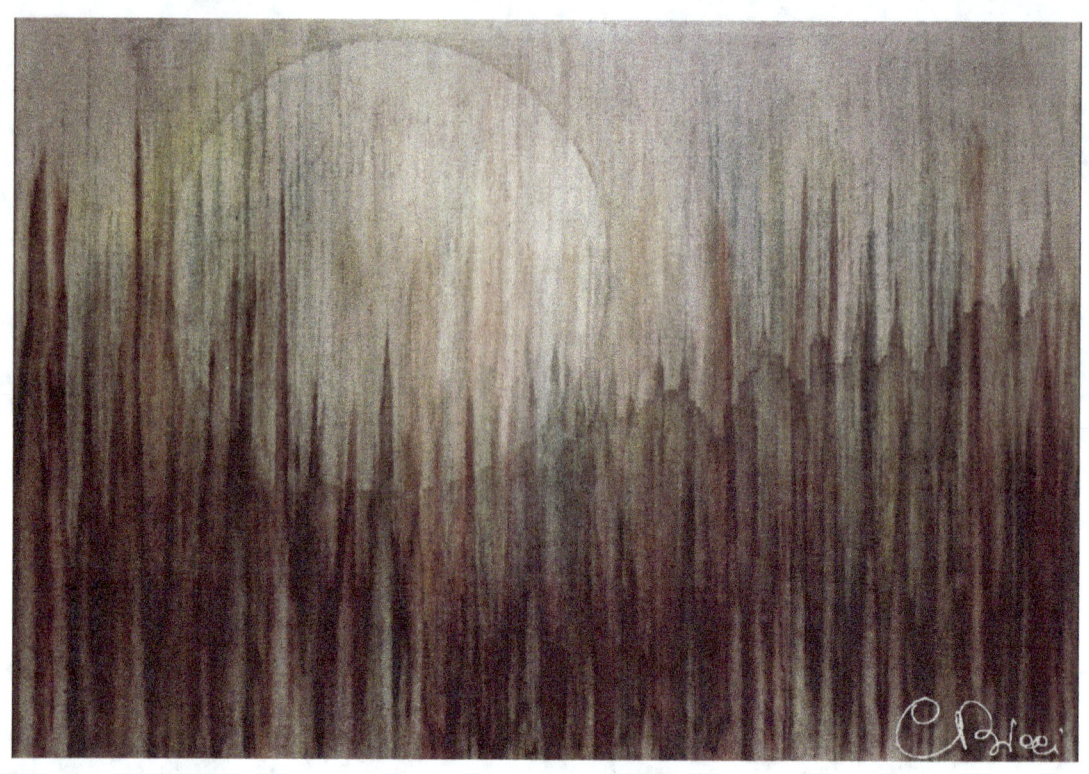

TU, POETA, TINGI D'INCHIOSTRO / L'EPIGRAFE BIANCA / E INSEGNAMI A MORIRE

1986

Tecnica mista con olio su tela grezza
Cm. 70,0 x 100,0

Collezione privata dell'autore

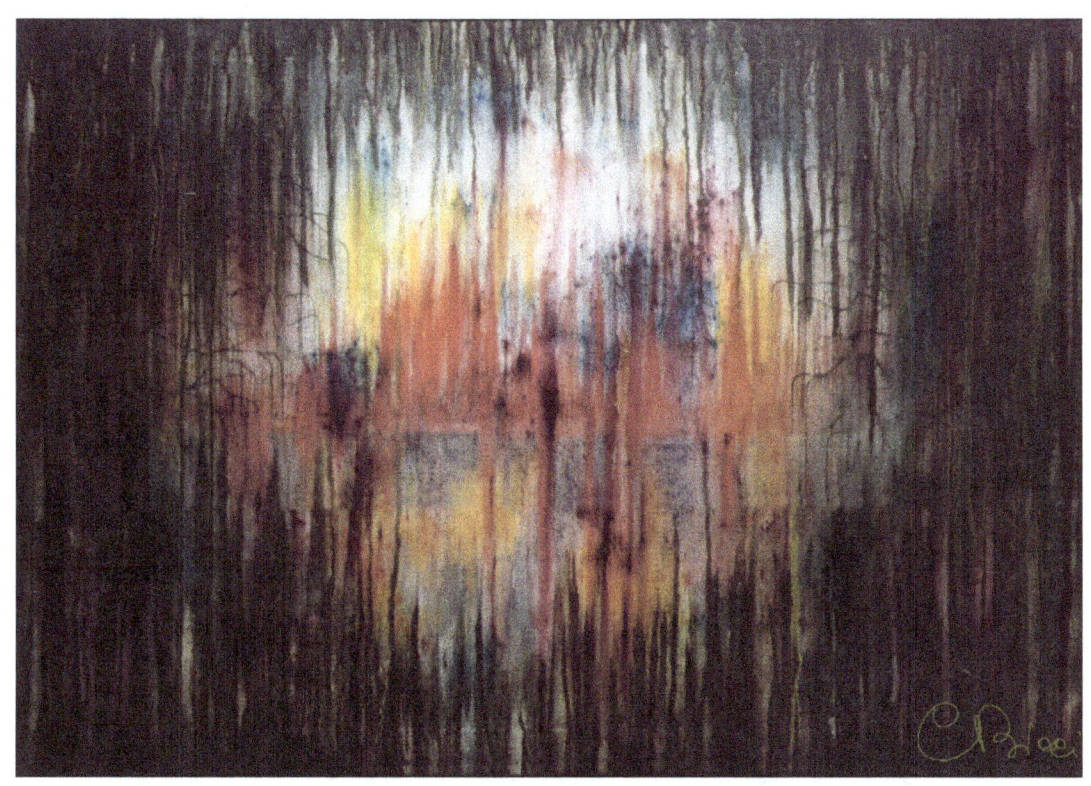

ED ECCO – D'INCANTO – / IL DOLORE APRIRSI ALLA VITA

1986

Tecnica mista con olio su tela grezza
Cm. 70,0 x 100,0

Collezione privata di Adele Milo – Reggio Emilia, 2002

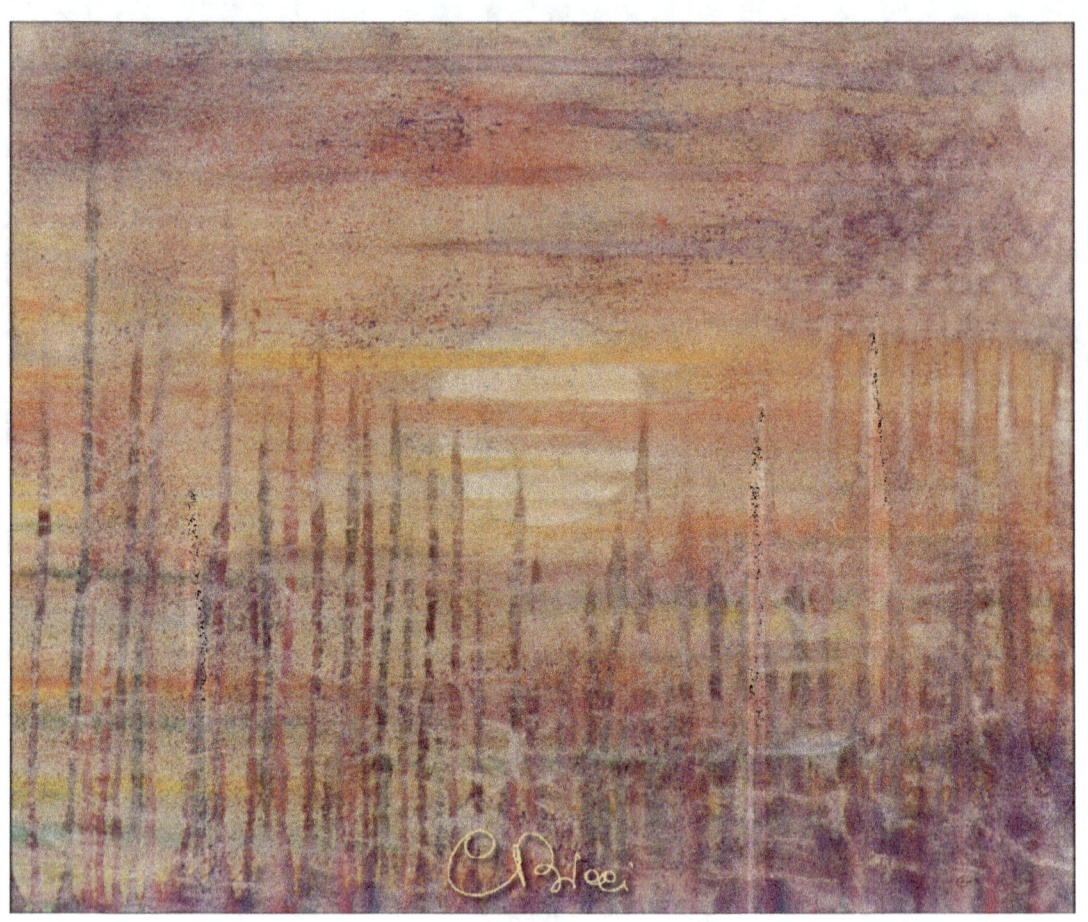

E TUTTI I MIEI GIORNI SONO ESTASI, / E TUTTI I MIEI SOGNI NOTTURNI / SONO DOVE GUARDA IL TUO OCCHIO CUPO (...)

1987

Titolo tratto da una poesia di E. A. Poe

Olio su tela grezza
Cm. 50,0 x 60,0

Collezione privata di acquirente sconosciuto

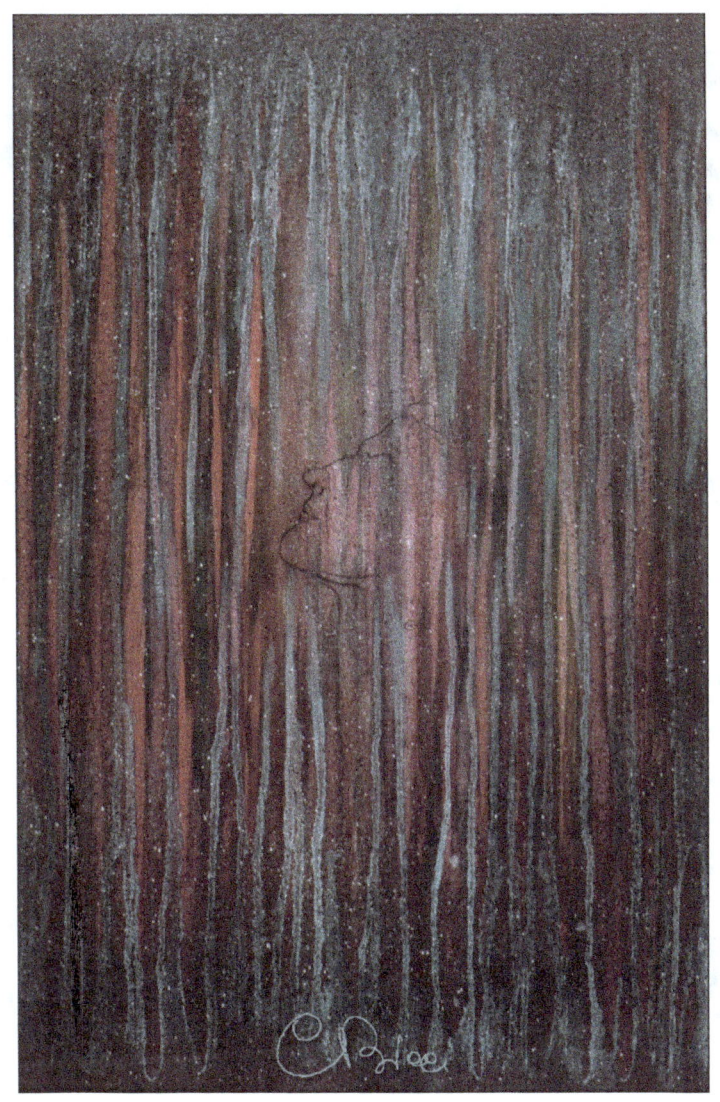

ALTRI TEMPI

1987

Olio su tela grezza
Cm. 60,0 x 39,5

Collezione privata dell'autore

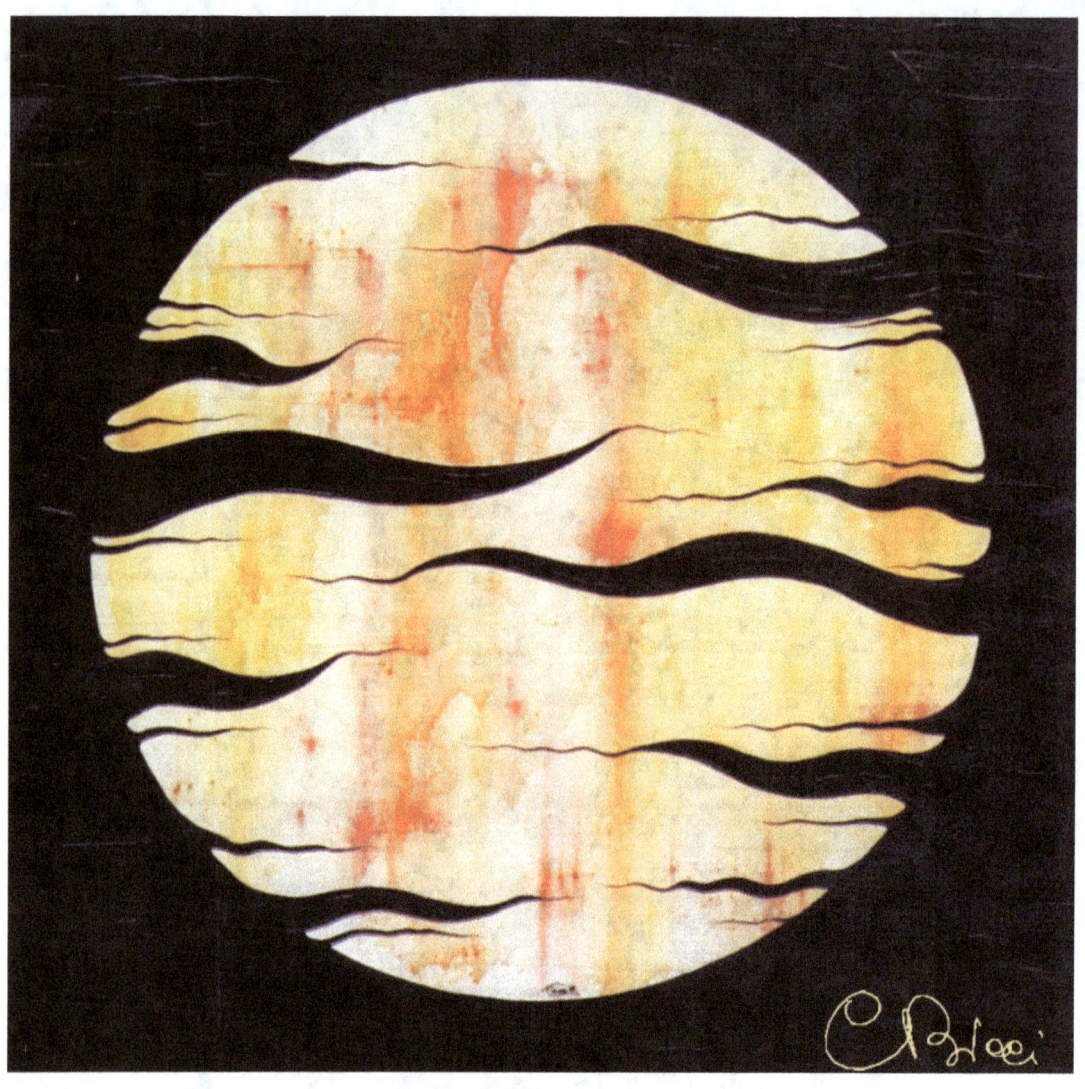

THE DARK SIDE OF THE SKY AND THE DARK SIDE OF THE MOON

1987
Tecnica mista con olio su tela grezza
Cm. 49,5 x 49,5

Collezione privata dell'autore

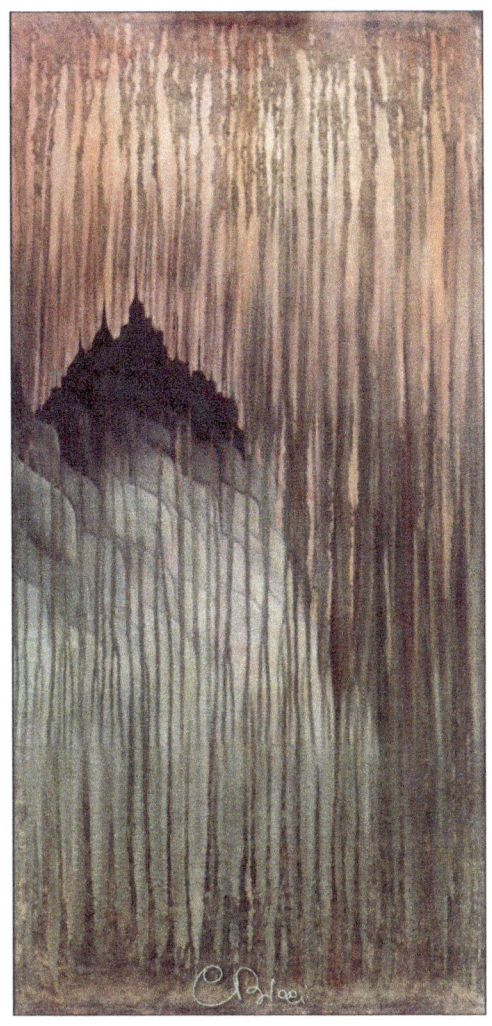

TUTTO QUELLO CHE VEDIAMO O SEMBRIAMO NON È CHE UN SOGNO NEL SOGNO

1987

Titolo tratto da una poesia di E. A. Poe

Tecnica mista con olio su tela grezza
Cm. 100,0 x 50,0

Collezione privata di Sara Rinaudo – Bergamo, 2003

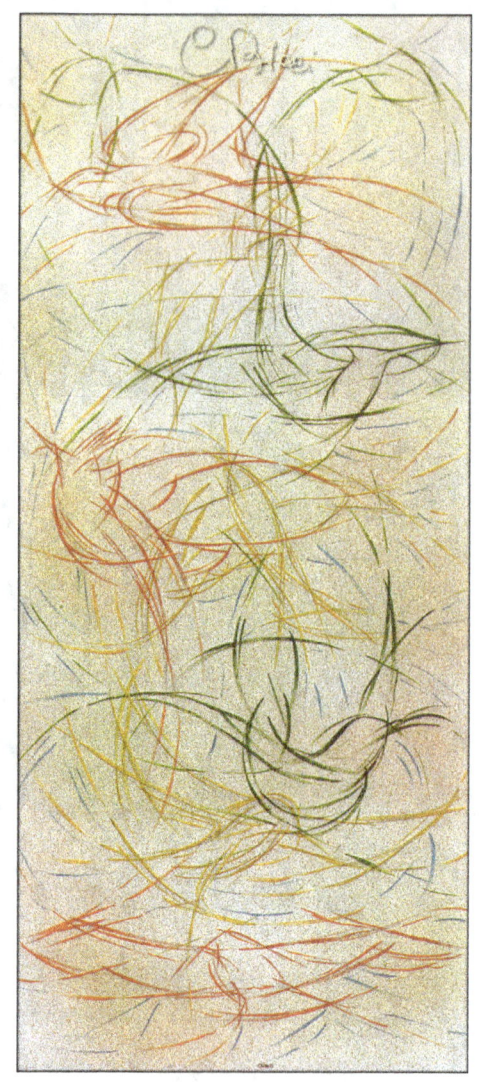

8 GYMNOPÉDIES

1989

Olio su tela grezza
Cm. 90,0 x 40,0

Collezione privata dell'autore

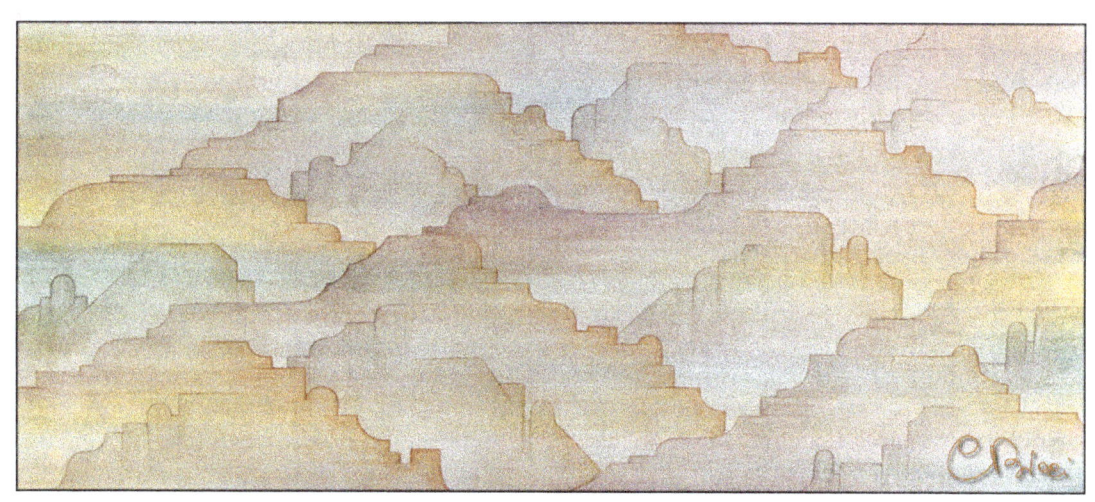

TENOCHTITLAN

1989

Olio su tela grezza
Cm. 35,0 x 80,0

Collezione privata di Samuela Vitali – Aulla (MS), 1989

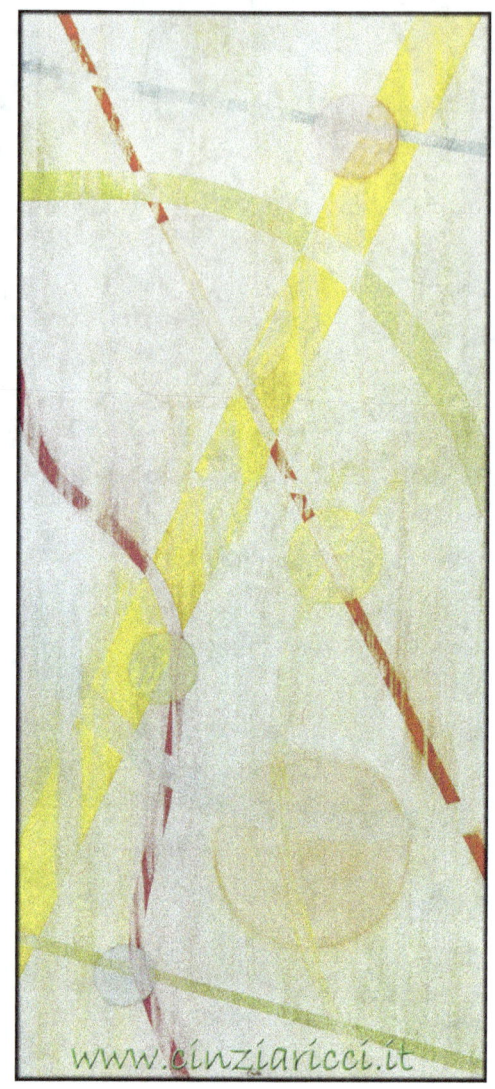

IMPUT LINE

1989

Olio su tela grezza
Cm. 90,0 x 40,0

Collezione privata dell'autore

102

LAGUNA ROSSA

1989

Olio su tela grezza
Cm. 90,0 x 40,0

Opera donata a Barbara Cavallini e Mauro Catelli per il loro matrimonio
(Lucca, 1995)

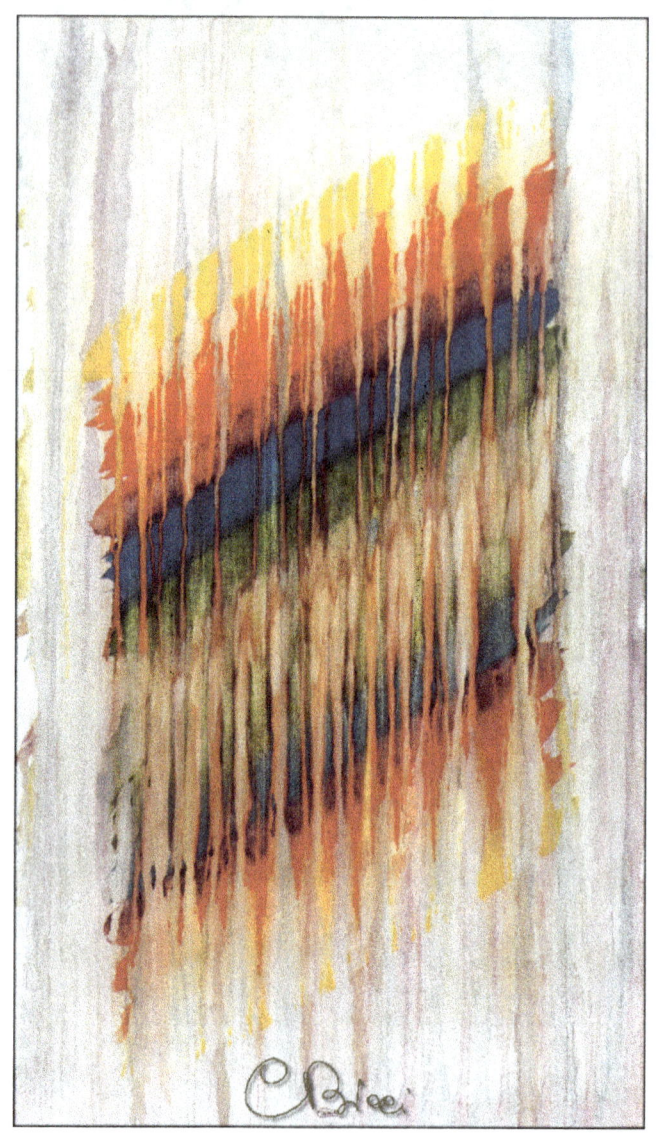

ARCOBALENO

1989

Olio su tela grezza
Cm. 70,0 x 40,0

Collezione privata dell'autore

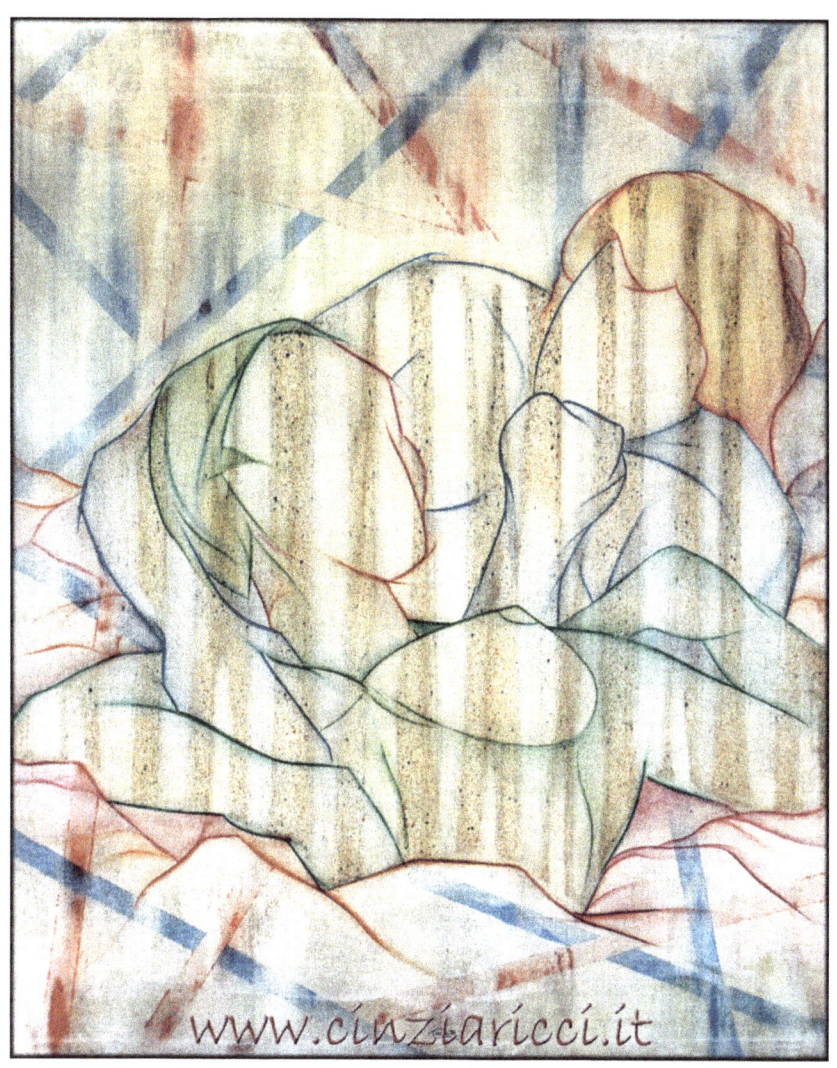

DEUX FEMMES AMOREAUX

1990

Olio su tela grezza
Cm. 50,0 x 40,0

Collezione privata di Sara Camussa (Alessandria)

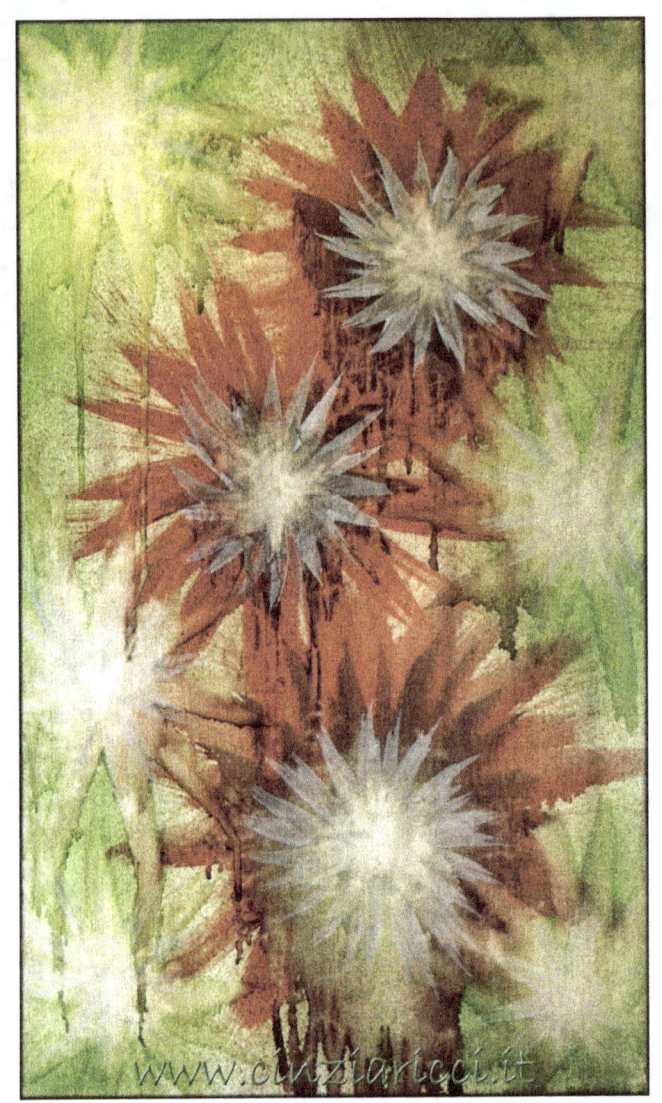

PROTEA BARBIGERA

1990

Olio su tela grezza
Cm. 50,0 x 30,0

Collezione privata dell'autore

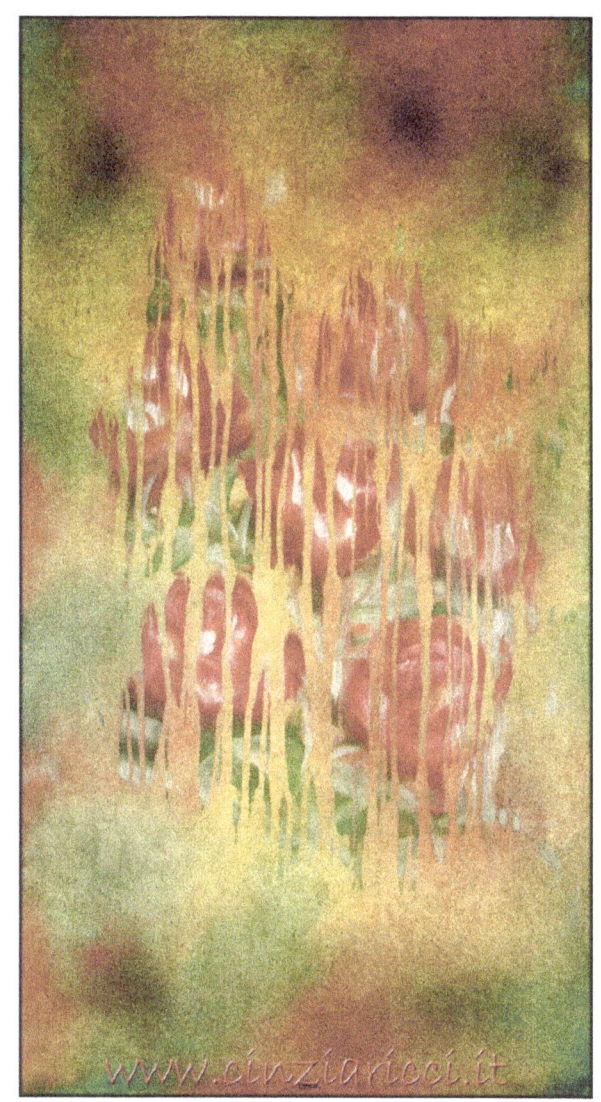

7 ROSE

1990-1991

Olio su tela grezza
Cm. 90,0 x 49,5

Collezione privata dell'autore

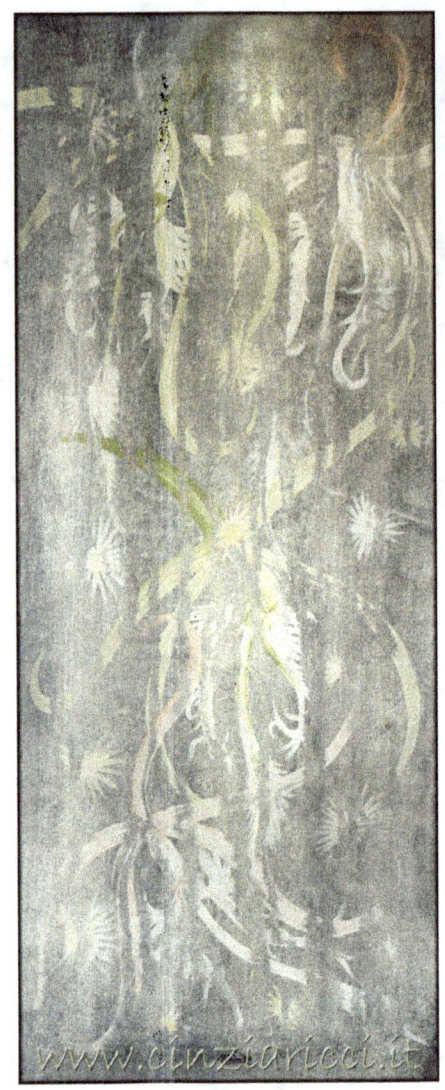

ORCHIDEE

1991

Olio su tela grezza
Cm. 50,0 x 20,0

Collezione privata dell'autore

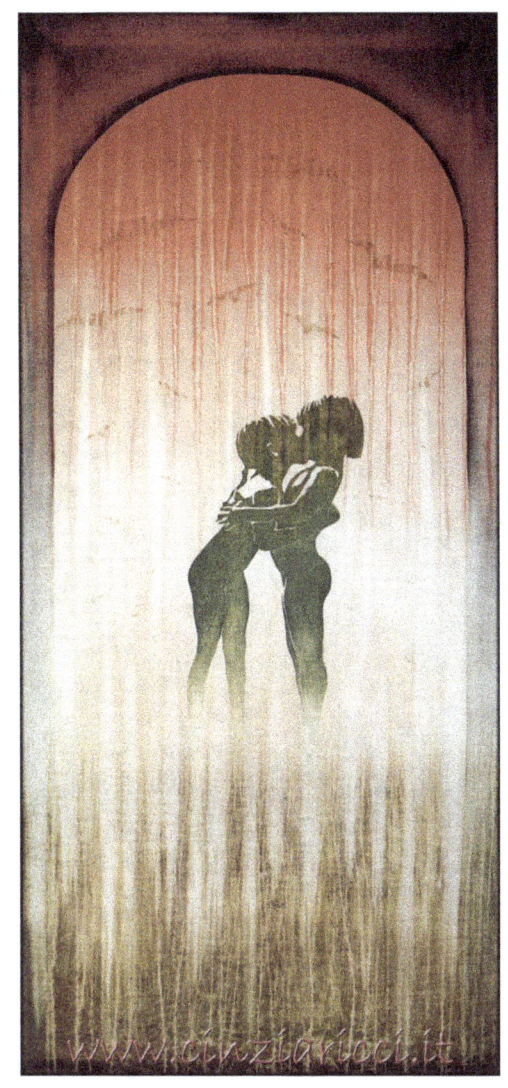

TI MANDO UN BACIO

1992

Olio su tela
Cm. 100,0 x 50,0

Collezione privata di Tiziana Ricci

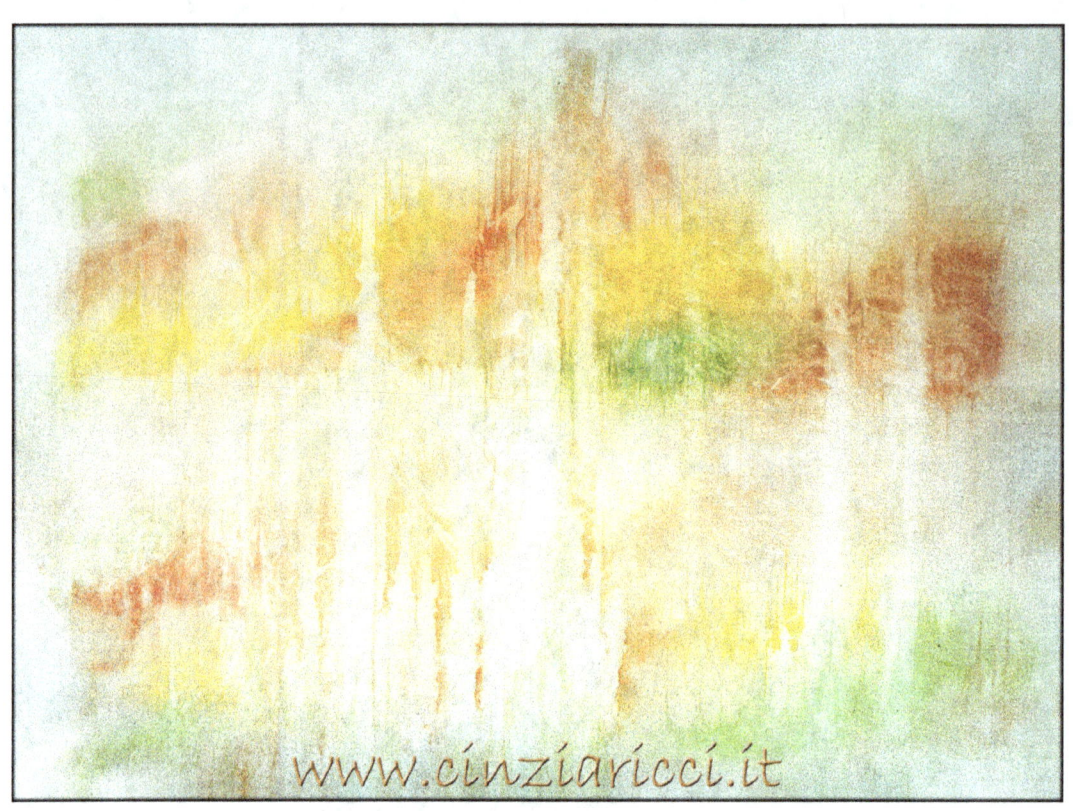

PRESSO ELSINOR, ALL'IMBRUNIRE

1997

Olio su tela grezza
Cm. 50,0 x 70,0

Collezione privata di Sara Camussa – Alessandria, 2006

TEMPI MODERNI

1997

Olio su tela grezza
Cm. 45,0 x 120,0

Collezione privata dell'autore

CURRICULUM ESSENZIALE

L'autore nasce nel 1964, a Lucca.

Al momento della stesura di questa pubblicazione, è presente in rete ai seguenti indirizzi:

Sito web attuale, https://ethanricci.cloud
Pagina FB, https://www.facebook.com/ricciethan/
Canale YouTube, https://www.youtube.com/c/EthanRicci

BENI CULTURALI

- Dal 2014 si dedica al censimento e alla catalogazione degli arredi urbani storici, architettonici e artistici di Lucca.
- Nel Maggio del 2015 tiene una mostra fotografica presso l'Associazione Industriali di Lucca dal titolo "Piazza Bernardini e i suoi gioielli".
- Nel Novembre del 2015, l'Associazione Industriali di Lucca, pubblica un cofanetto dal titolo "Il Palazzo Bernardini a Lucca" (Ed. Maria Pacini Fazzi) contenente 31 sue fotografie commissionate per celebrare i Settanta anni dalla fondazione.
- Nel Novembre del 2015, in conferenza stampa alla presenza del Sindaco Alessandro Tambellini, è presentato il lavoro di ricerca sul Pubblico Condotto di Lucca e le aree di archeologia industriale presenti sul territorio da esso attraversato, progetto finanziato dalla Banca del Monte di Lucca con il patrocinio del Comune di Lucca ed eseguito da Francesco Petrini, Maria Virginia Paradisi, Chiara Mazzanti e lui stesso.
- Dal 2016 al 2019 è stato fondatore e vice presidente dell'Associazione culturale "Custodi della città per gli Stati Generali sulla Cultura" e per essa ha condotto ricerche storiche, organizzato eventi e tenuto conferenze inerenti i beni materiali e immateriali del territorio lucchese con particolare riferimento all'archeologia industriale.
- Dall'8 Aprile 2022 al 31 Gennaio 2023 è Presidente dell'Associazione culturale "Custodi della città - Lucca", non più esistente.

GRAFICA, CARTELLONISTICA, FOTOGRAFIA E ALTRO

- Dal 1980 al 1989 partecipa a numerose mostre di pittura personali e collettive.
- Nel 1982 conduce varie trasmissioni radiofoniche per l'emittente privata "Radio Città" di Lucca.
- Nel 1984 illustra il libro di versi "Orfeo" di Massimo Lenzi.
- Nel 1984 la Scuola Elementare di Fornoli (Lucca) la incarica di tenere un corso di scenografia per i ragazzi delle classi quinte.
- Nel 1985 collabora con la redazione lucchese della rivista "Il grandevetro" e per questa scrive alcuni articoli.
- Dal 1985 al 1987 realizza i manifesti pubblicitari per le iniziative culturali e musicali del Caffè Voltaire di Lucca.

- Negli anni Ottanta, nel settore della cartellonistica, progetta e realizza la vetrina della "Birreria 107" in Via S. Croce, Caffè "Le Bistrot" in Via della Fratta e del "Bar Biliardi" in Piazza San Francesco, a Lucca, la vetrina della "Pasticceria Dianda" in Via della Rosa a Lucca e l'insegna della "Legatoria Artigiana" di Paola Fazzi in Piazza Cittadella a Lucca.
- Nel 1986 illustra il libro di versi "Frammenti" di Antonio Ulivi.
- Nel 1987 allestisce presso il Caffè Voltaire di Lucca la mostra del fotografo milanese Ivo Balderi.
- Nel 1997 dipinge i carri in carta pesta realizzati dal Rione dei Bufali in occasione del tradizionale Palio di Gallicano (Lucca) e ottiene il primo posto fra i maestri decoratori.
- Nel 1998 progetta e realizza per conto della SNAIL s.r.l. di Prato, un'installazione promozionale presso la Profumeria Internazionale "Via Cavour" di Firenze.
- Nel 1989 allestisce presso il Mirò Arci Club la mostra di sculture e complementi di arredamento di Richard Reichhold.
- Tra il 1989 e il 1990 disegna complementi di arredamento in pietra di Matraia, vetro ed altri materiali per conto della "Matraia Studios" dei Fratelli Mugnani, cavatori in Matraia, Lucca.
- Tra il 1990 e il 1991 realizza un'illustrazione per conto della Maria Pacini Fazzi Editore che la utilizzerà per promuovere la sua attività e apparirà su un'edizione americana della rivista Vogue.
- Dal 1991 al 1994 realizza gli Ex Libris per le signore Pervinca Bertolucci, Lia Arfanotti, Elizabeth Logan Harris (scrittrice), Petra Franz (violinista) e Aralee Strange (drammaturga). Questi ed altri sono in parte documentati sul catalogo della mostra "La tradizione degli ex Libris nella Provincia di Lucca - 103 esemplari stampati dalla Tipografia Biagini di Lucca" tenutasi a Forte dei Marmi dal 29 al 31 Luglio 1994 e in parte pubblicati sulla prestigiosa "Encyclopaedia Bio-Bibliographica of the Art of the Contemporary Ex Libris", edita da Artur Mario de Mota Miranda (Portogallo) e distribuita esclusivamente nelle maggiori biblioteche del mondo.
- Nel 1995 il mensile "New Age Music and New Sounds" pubblica alcune sue fotografie nella rubrica "Il terzo occhio".
- Dal 2000 scrive e pubblica articoli, recensioni, racconti, fotografie ed altro collaborando anche come web designer su vari siti Internet.
- Dal 2003 è presente sul Web con un suo sito personale (oggi antologico) all'indirizzo cinziaricci.it sul quale ha documentato e pubblicato la sua opera non solo artistica.
- Dal 2007 tiene conferenze su vari temi tra cui diritti civili, orientamento affettivo e identità di genere.
- Dal 2009 si dedica alla fotografia digitale specializzandosi nella post-produzione e approfondendo le sue competenze nel settore della grafica digitale.
- Dal 2017 è regolarmente presente ai Comics & Games di Lucca in qualità di fotografo per la testata giornalistica on-line Gattaiola.it di Anna Benedetto.
- Dal 2018 è presente sul Web anche con un nuovo sito all'indirizzo ethanricci.cloud che raccoglie la sua produzione letteraria, video e fotografica a partire dal 2016.

- Il 10 Dicembre 2019 è fotografo ufficiale dello spettacolo musicale "MAMMA MIA! - THE SHOW" tenutosi al Teatro del Giglio, a Lucca, da cui il video di montaggio pubblicato sul suo canale YouTube.
- Febbraio 2020 realizza le foto e il video di montaggio per il Coro "GOCCIA DI VOCI" - Direttore, Lorenzo Sansoni.
- Il 18 Giugno 2022 è fotografo ufficiale al Toscana Pride di Livorno da cui il video di montaggio pubblicato sul suo canale YouTube e la galleria fotografica pubblicata sul sito dell'evento.
- Il 14, 15 e 16 Ottobre 2022, nell'ambito del ciclo di incontri dal titolo "Across the Universe: viaggio nel cosmo delle differenze" che si è tenuto al Polo Culturale Artémisia di Tassignano (Lucca), tiene una mostra personale di fotografie scattate negli ultimi anni ai Pride di Firenze, Siena, Pisa e Livorno.
- Dal 2019 al 2023 è fotografo ufficiale in vari eventi artistici e culturali non solo a Lucca.
- Dal 7 Novembre 2023 tiene corsi di restauro presso il laboratorio DACCAPO per la cooperativa Nanina, a Coselli, Capannori, in Via Stipeti 33.

TEATRO, CINEMA

(COLLABORAZIONI IN QUALITÀ DI SCENOGRAFO, ATTREZZISTA, TECNICO LUCI, ECC.)

- 1981 - "Don Giovanni", regia di Virginio Puecher (Teatro del Giglio di Lucca e Festival Marlia, Lucca).
- 1981 - "Simon Boccanegra" e "Trittico", regia di Dario Micheli (Teatro del Giglio di Lucca e Teatro dell'Opera di Roma).
- 1982 - nell'ambito del Carneval Fratta di Lucca, collabora con il fantasista Victor Cavallo.
- 1982 - nell'ambito del Festival Lirico Internazionale di Opera Barga, collabora all'allestimento di varie opere sotto la direzione artistica di Gillian Ermitage Hunt, Biagio La Torre e Luigi Mattiazzi ("Sangue viennese"), Mario Rossello e Vinicio Cheli ("Il Re pastore"), Emanuele Luzzati, Francesco Gorgoglione, Manlio Epifania, Daniele Travisi e Claude Tissier ("Histoire du soldat", "Regtime" e "Renard").
- 1982 - collabora con Pierluigi Puccini all'allestimento di varie opere teatrali fra cui spicca per importanza lo spettacolo "Nevrosi e socialismo nel Pascoli" con Michele Placido rappresentato al Teatro del Giglio di Lucca.
- 1984 - collabora con Hans Wiegand, attore e marionettista.
- 1985 - collabora alla messa in scena della commedia in vernacolo "Ir troppo stroppia" di Cesare Viviani.
- 1986 - realizza per conto del C.U.T. (Centro Universitario Teatrale) di Pisa uno studio scenotecnico e illuminotecnico su due testi teatrali di Andrie de la Vigne e William Butler Yeats che è pubblicato sui "Quaderni di Baubo" a cura del Servizio Editoriale Universitario.

- 1992 - progetta e realizza per conto della società "Immagine e Cinema" di Roma, oggetti e arredi per lo sceneggiato televisivo "Delitti privati".
- 1993 - collabora con la Prometeo (Istituto Artisti Toscani Associati) sotto la direzione artistica di Guido Quilici.
- 2018 – Collabora all'adattamento dell'opera "Gianni Schicchi" (G. Puccini) per burattini e puppets a cura della compagnia Pupi di Stac. Direzione artistica di Enrico Spinelli, regia e costumi di Maria Teresa Elena, pupazzi di Laura Landi, produzione del Teatro del Giglio di Lucca.

TITOLI PUBBLICATI
O IN FASE DI PUBBLICAZIONE

Collana TI RACCONTO UNA STORIA

BORDERLINE – Testimonianze LGBTQIA+ (2003-2005).
FLORILEGIO – Il giuoco della campana, Ritratti, Cronaca di provincia e altre storie (racconti 1985-2006).
RÉSONANCES DA LA RUPTURE e **VOCI** – Racconti 2005-2013.
CONTINUUM - Racconti 2015-2024.
BLU - Racconti 2024-2026.

Collana QUADERNI

CONTROVENTO – Poèsie 1980-2023.
EFFEMERIDE – Pensieri e aforismi 1980-2023, volume I e volume II.
EFFEMERIDE - Vol. III - Pensieri 2024-2025.
IN CAMMINO - Cronaca di una affermazione di genere 2015-2023.
SOLILOQUIO – Canto d'amore 2017-2023.
DI CASE E DI STANZE - Un attimo, una vita (2024).

Collana LA MACCHINA DEL TEMPO

EDITORIALI - Politica, cultura, cronaca (2000-2019).
LUCCA NELLA MEMORIA – Storia, curiosità, cultura 1985-2023.
VISIONI - Cinema, Tv e dintorni (2001-2022).

Altro

MASTRƏ GEPPETTƏ DICIT - Nozioni per far da sé (2003-2021).
ARCHITETTURA E ARREDI URBANI: GLOSSARIO - Compendio alla consultazione del censimento e della catalogazione degli arredi urbani e degli elementi architettonici del centro storico di Lucca (2014-2025).

Collana IMAGO VOLANT

OMININIDI Vol. 1 - POT-POURRI, Fumetti dagli anni Ottanta al 2007.
OMININIDI Vol. 2 - Nello Sport e nell'arte, Fumetti 1988-2007.

IMAGO VOLANT - GRAFICA A COLORI.
BN - GRAFICA IN BIANCO E NERO.

Collana **CARPE DIEM**

Portfolio fotografia - **ACQUA e FUOCO.**

L'elenco completo e aggiornato delle pubblicazioni è consultabile sul sito dell'autore all'indirizzo:

https://ethanricci.cloud

PAGINA AMAZON CON I
TITOLI PUBBLICATI

www.ingramcontent.com/pod-product-compliance
Lightning Source LLC
Chambersburg PA
CBHW081107290526
45795CB00006B/2034